La Democracia Histórica y América Latina

(Cartas, Citas y Reflexiones)

I0417203

Por Dr. Ricardo Lasso Guevara, abogado, profesor

de Derecho, escritor y conferenciante internacional.

Ensayos y otros documentos dirigidos

a la Juventud Universitaria, estudiosa y

pensante de América.

Amazon.com

También del Dr. Ricardo Lasso Guevara

Aquí Europa.... (con Prólogo de José Isaac Fábrega, su Profesor de Ciencia Política y anterior Ministro de Educación).

Los Estados Unidos del Norte y Los Desunidos del Sur - Paralelismo Histórico y Lecciones en Teoría Política.

U.S.A. vs General Noriega – ¿Amigo o Enemigo? (con Prólogo del meritorio sacerdote y educador Fernando Guardia Jaén, S.J.)

Democracy on Trial: The Case for the Defense – Progressive Evolution or Revolution.

Autobiografía.

Amazon.com

Este libro constituye un análisis sobre la Democracia en América Latina. Al ejercitar la libertad de pensar, por encima de todo dogma totalitario, he tratado de interpretar con fidelidad y veracidad las muchas fuentes aludidas en la extensa Bibliografía; pero es mía la responsabilidad por lo que dejo expresado. Rechazo, pues, que nuestros Ministerios de Educación se transformen en simples "Ministerios de Información".

ISBN -13:978-1511831628

ISBN-10:1511831626

Dedicados a mi esposa Denia

y

a mis tres hijos Jilma, Denia y Ricardo.

La Democracia Histórica y América Latina

(Cartas, Citas y Reflexiones)

Introducción:

Al final de mi libro *USA vs General Noriega (¿Amigo o Enemigo?)*, con cuyo Prólogo me honró ese gran panameño que fue el sacerdote jesuita Fernando Guardia Jaén, expresé que la oscura historia que representó la Dictadura en Panamá "pudiese tener, a largo plazo, una lección y un desenlace positivo"; pero que sus ingredientes imponen una labor que "no puede ser la tarea de una persona ni de una generación."

Y hasta me permití agregar en la Conclusión de ese mismo trabajo que, "en sociedades como la nuestra, en las cuales con frecuencia el hogar no existe....el remedio habrá que buscarlo en educación....para crear conciencia sobre un verdadero Estado de Derecho...."

Hoy, veinte años (una generación) después de publicado ese estudio y análisis sobre el Juicio de siete meses concluido en Florida, contra el General Noriega, cabe preguntarnos si hemos avanzado o incluso retrocedido, cívica y moralmente, en el manejo político de nuestros países. ¿Estamos acaso más conscientes de que la Patria es de todos y de que es indispensable ese verdadero Estado de Derecho, más de leyes que de hombres?

Durante este tiempo, tuvimos la oportunidad añorada de continuar estudiando y escribiendo sobre la evolución y el desarrollo progresivo de la Democracia en el Occidente.

Al mismo tiempo, confrontábamos la dificultad de su implementación en La Gran Patria Iberoamericana a que se refería el padre Fernando Guardia. A nuestro juicio, sin una comprensión cabal de nuestros males políticos endémicos y sus raíces, nos resultará imposible comprender el presente y proyectar mejor el futuro.

Incluso antes, como consecuencia de una visita a la Ciudad de Filadelfia durante la celebración del Bicentenario de la Independencia norteamericana, había publicado *Los Estados Unidos del Norte y Los Des-unidos del Sur (Paralelismo Histórico y Lecciones en Teoría Política)* en el cual he dedicado Capítulos a temas tales como:

1.- Los valores culturales de carácter feudal que España traslada a Hispanoamérica.

2.- Cómo en Norteamérica la *colonización* realmente precede a la *conquista*.

3.- Las quejas de los llamados *criollos* en la América Española, a la hora de la Independencia, por lo que consideraban la decadencia económica estructural de España; la pésima administración de la hacienda pública y la corrupción, al igual que el aumento del contrabando y la designación de sólo peninsulares para los altos cargos administrativos.

4.- La posposición del ideal de Miranda, Bolívar, San Martín y otros padres fundadores de nuestros países, en favor de una Hispanoamérica unida política y económicamente.

5.- Los constantes levantamientos, sublevaciones, golpes de estado y guerras civiles durante el Siglo XIX, una vez lograda la Independencia.

6.- De cómo, hijos del absolutismo, hemos vivido por tanto tiempo entre la represión y el paternalismo.

7.- De los resultados insatisfactorios de programas de ayuda regional, promovidos por Los Estados Unidos, como El Buen Vecino, El Punto Cuatro, La Alianza para el Progreso y la Iniciativa para el Caribe, al igual que otros de particular significación.

De igual manera, luego de mi publicación en Inglés de *Democracy on Trial: The Case for the Defense (Progressive Evolution or Revolution) [La Democracia Enjuiciada: Alegato de la Defensa (Evolución Progresiva o Revolución)]*, el presente nuevo Ensayo mantiene su enfoque en un tema que nos ha parecido fascinante desde nuestros días de estudiante, tanto en Panamá como en Inglaterra. Enfoque, además, que hemos mantenido con respeto sostenido y reverencial por el conocimiento.

Por otra parte, y ello no ha sido menos absorbente, nos ha sido posible ampliar ese enfoque durante el exilio. Pienso que esto ha venido a constituir realmente la mayor y mejor compensación por la falta del calor del terruño que siempre hemos querido tanto y por la virtual pérdida de buenos amigos y hasta parientes cercanos.

En el llamado Tercer Mundo, especialmente jóvenes progresistas se han sentido en el pasado y se sienten hoy frustrados porque "no ven salida" a nuestro relativo atraso político-económico-científico. Para muchos de

10

ellos, el mayor problema consiste en que no estamos preparados para la Democracia. O bien, que ésta implica complicadas Instituciones de gobierno que no hemos sido capaces ni de crear ni de desarrollar. La Democracia, dicen otros, funciona en países pequeños como Suiza o grandes como USA, pero no es viable para nosotros.

Hay quienes, incluso conscientemente, prefieren ignorar la advertencia que nos hace Bolívar en su previsor *Discurso de Angostura* contra la continuación de la autoridad de un mismo individuo porque "El pueblo se acostumbra a obedecerle y él se acostumbra a mandarlo, de donde se origina la usurpación y la tiranía".

A algunos, que tampoco "ven salida", esa profunda frustración y rebeldía con el entorno los ha llevado hasta el suicidio. Esto ha ocurrido incluso frente a un público que los admiraba grandemente, como sucedió con Eduardo Chibás, a quien se afirma que admiraba Fidel Castro durante su juventud.

En efecto, el suicidio le pareció a Chibás su única salida cuando se inmoló durante su popular programa radial en la emisora CMQ en Cuba en 1951. ¿Y qué pensar de Carlos Rangel, cuando igualmente se quitó la vida en Venezuela en 1988?

Personalmente, en cambio, y con todo respeto, estimo que la mayor dificultad, para nuestro propio progreso y mejores relaciones de diversa naturaleza, consiste en la gran ignorancia (que ha existido y prevalece) del Norte Anglo-Sajón con respecto al Sur Iberoamericano y viceversa. Peor aún: no existe el interés mínimo y ni siquiera la curiosidad cultural deseable por conocernos. ¿Cómo aprender entonces lo positivo que en ambos mundos existe y evitar lo negativo que también se encuentra?

Más de setenta años de propaganda política soviética han convencido a pequeños, pero dinámicos grupos de nuestros intelectuales, de que los "imperialistas" son los norteamericanos y no los rusos, quienes hasta el final de la Guerra Fría procuraban extender su área de absoluto control político en las diversas zonas geográficas del planeta. Control político, por cierto, basado supuestamente en las ideas de Karl Marx y en la prédica de una única y oficial versión de la realidad histórica y económica.

Lo anterior nos lleva de vuelta a la necesidad de una educación como la que nos predicaba en Panamá el Dr. Eusebio Morales. Esto es, alejada de "escuelas que se fundan para enseñarle al niño o al joven sólo un aspecto de las cosas, sólo una faz de las doctrinas, sólo un sistema de ideas sin discusión ni examen..." por lo que se tornan "profundamente peligrosas".

Personalmente, tuvimos la oportunidad de ver en Hungría el odio generalizado de la población contra lo que consideraban su explotación por parte de Rusia. Esto ocurría en medio de la Guerra Fría, cuando ya se habían producido sangrientas sublevaciones populares, no solamente en Hungría, sino igualmente en otros países de Europa del Este, que procuraban sacudirse el yugo totalitario que los mantenía forzosamente sometidos; y no felizmente unidos, como afirmaba la propaganda difundida a los cuatro vientos.

De igual modo, más de cincuenta y cinco años de los hermanos Castro y quince de Chavismo, pretenden explicar nuestras dificultades en la América Española, endémicas y raizales, culpando a quienes iniciaron su colonización en el Norte más de cien (100) años después que nosotros en el Sur del Continente. ¡Ni qué decir del considerable y electrizante factor multiplicador de *la investigación científica para el desarrollo* del Norte, cuando se le compara con la casi nula en muchos de nuestros países!

En todas sus secciones, el presente texto procura evidenciar, por una parte, la evolución de la Democracia y, por la otra, las dificultades que ha confrontado su implementación en América Latina.

En la Primera Parte se abordan temas básicos tales como:

Del "Siglo de Oro" de España al de "la Decadencia".

La Carta de Jamaica y el Discurso de Angostura de El Libertador Simón Bolívar.

La Búsqueda del Presente de Octavio Paz.

Consideraciones sobre Los Estados Unidos del Norte y Los Des-unidos del Sur.

El 1% vs el 99% de la población (¿Político, Económico o Religioso?).

Se alude así, en todo momento, a la Democracia y sus alternativas.

Lo mismo hemos procurado en la Segunda Parte: desde "La Democracia como un Ideal" hasta "La Revolución en el Tercer Mundo". Igual que en mi Discurso *"De un Origen Humilde y Aislacionista a Primera Potencia Mundial, y la Esencia de la Democracia"*.

Si no comprendemos los fundamentos del desarrollo democrático, no puede tener sentido la creación de conciencia sobre un verdadero Estado de Derecho, más de leyes que de hombres, al que aludimos al principio de esta Introducción. Y, sin esa conciencia, seguiremos dando tumbos, peor que el ciego que se niega a mejorar su condición.

Dentro del Tercermundismo, frecuentemente se plantea una especie de inexorable alternativa: Evolución o Revolución. Y dentro de la simpleza revolucionaria, las personas (¿acaso ciudadanos y ciudadanas?) confrontan otra dualidad: "O estás conmigo o contra mí". De esto, hay un solo paso al caciquismo-caudillismo y al populismo irresponsable.

A un proceso democrático más lento y complejo se opone el totalitarismo revolucionario supuestamente instantáneo, algo así como "soplar y hacer botellas". El primero se caracteriza por la tolerancia, la paciencia y el espíritu de compromiso; el segundo por el odio, el grito y el sonar de los fusiles.

Los muy serios y deprimentes problemas que sigue confrontando la humanidad, sobre todo en las áreas más deprimidas cultural, política y económicamente, no deben permitir que tales circunstancias disminuyan nuestra valorización esencial del proceso democrático. Al contrario, sus principios deben llevarnos a su consciente promoción y desarrollo.

Por otro lado y desafortunadamente, tal parece que seguimos inclinados, dentro de determinados grupos ideológicos, a considerar la alternativa del Dictador Benévolo, del César Democrático y del incapacitado hijo de Zeus; la del Tirano Iluminado, ojalá sabio y modelo de virtudes humanas, pero a la vez sin fórmulas ciertas para sucederlo en el poder.

Más todavía, lo anterior presenta el peligro de que el pueblo pierda interés en la determinación de su presente y su futuro. ¡Y peor aún, renunciamos a pensar!

Sin diálogo posible y sí mucho atrofiante fanatismo y terrorismo político, nos alejaremos de compartir y promover las virtudes cívicas indispensables, siempre adaptables a las nuevas circunstancias.

No permitamos que el bombardeo constante de las malas noticias, a que nos tiene acostumbrados la Edad de las Comunicaciones instantáneas, nos lleve a un pesimismo tal que impida recordar que podemos continuar avanzando política y económicamente. Para ello, se requiere la revisión constante de los instrumentos jurídicos democráticos, consecuentes con un largo proceso evolutivo que es su mejor garantía.

Esperamos que nuestras propias observaciones tanto en el Norte como en el Sur de Europa y de América, al igual que nuestra consideración de la extensa bibliografía que citamos al final, puedan servir para la propia reflexión, tanto de eruditos, como en general de ciudadanos responsables y estudiosos, preocupados con el presente y futuro de nuestras sociedades.

Primera Parte: Testimonios

I. Del *"Siglo de Oro"* de España al llamado *"Siglo de la Decadencia"*.

En el Capítulo VIII de mi libro *La Democracia Enjuiciada: Alegato de la Defensa,*

menciono el hecho de que antes de que Inglaterra se transformase en la Primera Potencia Mundial, durante el reinado de Isabel I y la llamada Edad de la Razón, fue España la que disfrutó esa posición durante el Siglo XVI.

Desde antes del Descubrimiento de América en 1492 y el final de la Reconquista en el Sur de la Península el mismo año, los Reyes Católicos habían ido consolidando la unidad y logrando la paz en los cinco reinos previamente existentes.

Para esta época, cuando muchos tenían en Europa la Visión de la segunda venida de Cristo,   también se había abandonado el "espíritu de convivencia" que siglos antes había proclamado Alfonso X, "El Sabio", y se había profundizado la Inquisición como arma de persecución religiosa. y política.

Es conveniente tener presente que, precisamente, España se había como "separado de Europa" tras la conquista musulmana de la Península, que duraría ocho siglos. Curiosamente también, fue el período medieval de grandes avances comparativos en ciencia y filosofía, gracias a las traducciones de filósofos griegos y árabes, hechas en Toledo, Tarazona, Burgos, Barcelona y Sevilla, como nos recuerdan autores citados en ese Capítulo VIII.

Ahora resulta que tratando de ampliar el estudio del crítico Siglo XVII, me he encontrado con el interesante libro *Spain, 1469-1714: a society of conflict,* del Profesor Henry Kamen.

Para este erudito, "Al mirar retrospectivamente desde la edad de crisis y aparente fracaso, los escritores españoles enfocan su nostalgia en otro período de éxitos, que ellos identifican con la época anterior a sus más famosos gobernantes, Carlos V y Felipe II, y aún antes del Descubrimiento de América. Para éstos, los buenos tiempos de la España de la "Edad de Oro" deben ubicarse en el reinado de Fernando e Isabel".

Llama la atención que, para Henry Kamen, "Fernando e Isabel fueron en todo sentido los últimos reyes medievales de España, quienes como tales gobernaron, administraron justicia e hicieron la guerra, todo con un sello personal."

Resulta curioso comprobar, igualmente, que mientras, por una parte, los Reyes Católicos abolieron los impuestos para la importación de libros en 1480, por la otra, en 1502, reintrodujeron el control sobre el contenido de los libros

Al mismo tiempo, es desafortunadamente lamentable que a la unidad nacional, el fin de la reconquista y el descubrimiento de América, tengamos que añadir los extremos a que llegó la Inquisición de Torquemada, hija del fervor religioso de la reina. La misma Inquisición que después publicaría los "Index" de Libros Prohibidos (Sandoval en 1612 y Zapata en 1632) que representaban tres cuartas partes del avance cultural y científico de la época.

Se trata del mismo período en que Juan Luis Vives, considerado por muchos el mejor exponente del Renacimiento en España, se vió obligado a residir y enseñar fuera de su país natal. Llama la atención que, luego de conocer a Erasmo de Rotterdam, Vives le envía una carta manifestando su preocupación por el peligro que enfrentaban los humanistas particularmente en España, donde "no podemos expresarnos ni mantenernos en silencio" sin estar expuestos al peligro.

II. Benjamín Franklin y Andrés Bello en Londres.

En medio de una fuerte nevada que paraliza gran parte de la actividad en la Ciudad de Washington, hoy reflexiono sobre los dieciocho (18) años vividos por Benjamín Franklin en Londres, y los diecinueve (19) años de residencia en la misma ciudad por Andrés Bello.

Lo primero que llama la atención es que ambos períodos se extienden hasta el momento de las Independencias de Los Estados Unidos y de Venezuela. En el caso de Franklin hasta 1775 y en el de Bello hasta 1819. Como podemos recordar, la Independencia norteamericana se declara en Filadelfia en Julio de 1776 y la batalla de Carabobo consagra lo propio para Venezuela en 1821.

¿A qué obedeció que estos dos hombres, tan excepcionales, dedicaran gran parte de sus mejores años a permanecer en la Capital inglesa? El primero, escritor e impresor, teórico político, científico e inventor, educador y diplomático; el segundo, también teórico político, educador y fundador de la Universidad de Chile, autor del Código Civil, de una Gramática Española y representante diplomático de su país adoptivo.

Hoy podemos afirmar sin temor a que se nos contradiga, que las ejemplares vidas de estos máximos representantes de sus respectivas culturas todavía nos ofrecen lecciones invalorables.

Recordemos que Franklin se lamentaba de "haber nacido tal vez muy pronto", pues anticipaba las maravillas de los descubrimientos científicos y el desarrollo industrial que podían vislumbrarse en Inglaterra para fines del Siglo Dieciocho.

Y en lo político, hemos de recordar la siguiente cita, entre las tantas recogidas, consagradas y popularizadas en su momento en el famoso *Poor Richard's Almanack*:

> La Libertad de palabra constituye pilar fundamental de un Gobierno verdaderamente libre; cuando esta base desaparece, la sociedad libre se disuelve, y la tiranía se yergue en sus ruinas.

Benjamín Franklin, 20 de noviembre de 1735.

En cuanto a Andrés Bello podemos decir que, así como Bolívar y San Martín fueron los principales paladines de la Independencia en Sur América, nadie contribuyó más que Bello a la Institucionalidad Democrática en nuestro Sub-Continente.

Al radicarse en Chile, él es designado para dirigir la política exterior de su país adoptivo y funda la Universidad de Chile de la cual permanece como rector hasta su muerte a los ochenta y tres años. También, como hemos expresado al principio, redacta su famoso Código Civil al igual que su Gramática Española.

Para nosotros, tal vez su legado más importante es su convicción inquebrantable en la Institucionalidad Democrática, sin la cual se impone la anarquía. Mientras Bolívar pensaba que era necesario superar el caos reinante a base de un orden impuesto transitoriamente de arriba hacia abajo por un gobierno fuerte, Bello sostenía que, para superar la crisis inicial de las nuevas Repúblicas, había que comenzar por formar verdaderos ciudadanos con base en la educación pública y garantizar el imperio de la ley virtualmente desconocido en Hispano América.

Incluso en la propia España nos decía Antonio Machado a comienzos del Siglo XX, con pesimista lirismo, que "las tierras se yermaban por mengua de justicia".

¿Que Institucionalidad Democrática podemos alcanzar en nuestro propio Istmo, a la altura del Siglo Veintiuno, mientras el Organo Judicial ha estado dominado políticamente por un Partido Político que trata de remplazar el control político de otro grupo que detentó el mismo control anteriormente? ¿Y de que Institucionalidad estaremos hablando mientras el funcionamiento del Organo Legislativo ha venido adoleciendo de planteamientos verdaderamente nacionales con los cuales procuremos enfrentar y resolver nuestros muy serios y endémicos problemas?

En cuanto al Organo Ejecutivo, basta dar la palabra a los grupos que se enfrentan cada tantos años en el debate electoral del momento.

III. La *Carta de Jamaica* de Bolívar.

Al celebrarse el bicentenario de la significativa *Carta de Jamaica*, suscrita por El Libertador en Kingston el 6 de septiembre de 1815, he vuelto a revisar su muy amplio texto, por la omnímoda importancia que merece su previsor, profundo y abarcador contenido. Este documento bien puede servir de guía de cara a la realidad presente de la América Española.

Pocos son en verdad los istmeños que desconozcan aquella esperanzada perspectiva que afirmaba en esa Carta: "¡Qué bello sería que el Istmo de Panamá fuera para nosotros lo que el de Corinto para los griegos! Ojalá que algún día tengamos la fortuna de instalar allí un augusto Congreso... "

Ya antes Bolívar había expresado en el mismo documento: "Es una idea grandiosa pretender formar de todo el mundo nuevo una sola nación...mas no es posible..." Y en dos páginas previas nos dejaba ya planteado su sueño aún menos factible: "¡Acaso sólo allí podrá fijarse algún día la capital de la tierra, como pretendió Constantino que fuese Bizancio la del antiguo hemisferio!"

Desafortunadamente, hemos olvidado lo que igualmente nos dijera El Libertador antes de esa referencia al Istmo de Panamá. En efecto, él nos expresa lo que todavía hoy parece un espejismo o un horizonte artificial, producto del incierto panorama de sus luchas para 1815, y las razones que nos ofrece son éstas, tal vez ante el impresionante progreso político-económico ya logrado por los Estados Unidos desde su Independencia:

> En tanto que nuestros compatriotas no adquieran los talentos y las virtudes políticas que distinguen a nuestros hermanos del Norte, los sistemas enteramente populares, lejos de sernos favorables, temo mucho que vengan a ser nuestra ruina. Desgraciadamente, estas cualidades parecen estar muy distantes de nosotros en el grado que se requiere ...

En la *Carta de Jamaica*, Bolívar expresaría a su vez su nostalgia al señalar que "El Emperador Carlos V formó un pacto con los descubridores, conquistadores y pobladores de América que, como dice Guerra (el sacerdote dominico Fray Servando Guerra), es nuestro contrato social." "El rey se comprometió a no enajenar...siendo una especie de propiedad feudal la que tenían los conquistadores para sí y sus descendientes."

Lo anterior no debería causarnos sorpresa ni asombro, pues instituciones como *las encomiendas,* habían existido en España desde el Siglo XII (mucho antes del Descubrimiento de América). Estas habían mantenido, además, un carácter a la vez militar y religioso.

Por su naturaleza característica, la institución fue utilizada durante las luchas de la Reconquista y mantuvo después la propiedad de extensas zonas de las mejores tierras en la propia España. A los interesados en profundizar en el tema, les sugerimos estudiar la posesión de tierras en el Sur de Castilla, tanto en Andalucía como en Extremadura, al concluir la Reconquista el mismo año de 1492.

De igual modo, es oportuno no olvidar tampoco que, cuando ya Bolívar podía anticipar con mayor claridad la libertad por la cual había venido luchando y arriesgando su vida por tantos años, en el Discurso de Angostura de febrero de 1819, él reitera su ideario político tan resuelta y lucidamente anticipado.

Poco antes de la batalla de Boyacá, en agosto del mismo año 1819, que consagraría la libertad de Colombia y de la batalla de Carabobo, de junio de 1821, que permitiría la libertad de Venezuela, Bolívar se preguntaba si no sería extremadamente difícil aplicar a España las libertades políticas y religiosas de Inglaterra. Y agregaba que sería aún más difícil adoptar en Venezuela las leyes de Norte América.

Nota: Conviene también recordar el final de esta famosa Carta cuando, en medio de toda suerte de limitaciones impuestas por el exilio, como admirador de Inglaterra, Bolívar señaló: "Luego que seamos fuertes, bajo los auspicios de una nación liberal que nos preste su protección, se nos verá de acuerdo cultivar las virtudes y los talentos que conducen a la gloria: entonces seguiremos la marcha majestuosa hacia las grandes prosperidades a que está destinada la América Meridional..."

IV. El Discurso de Angostura de Simón Bolívar

Tres años y medio después de escribir *La Carta de Jamaica*, durante el exilio en Kingston, y ofrecernos su profundo diagnóstico sobre la situación política de la América Española, *El Libertador* pronuncia lo que posteriormente vendría a considerarse como su profético *Discurso de Angostura,* en febrero de 1819.

Tal como si hubiese anticipado a *los hermanos Castro en Cuba* y al fiel discípulo, el también *Comandante Hugo Chávez en su propia Venezuela,* Bolívar nos advierte lo siguiente en ese famoso Discurso:

> La continuación de la autoridad de un mismo individuo frecuentemente ha sido el término de los gobiernos democráticos... El pueblo se acostumbra a obedecerle y él se acostumbra a mandarlo, de donde se origina la usurpación y la tiranía.

El Libertador podía tener muy presente lo que más de cien (100) años antes declaraba Louis XIV, el llamado *Rey Sol*: "L' Etat c'est moi" ("Yo soy el Estado").

Más todavía, y para usar las propias palabras de Bolívar, estamos seguros de que "ni remotamente ha entrado en mí la idea de" que semejante situación se prolongase por más de cincuenta y cinco (55) años, ni de que un soldado venezolano, dirigido desde el exterior del país, estuviese dispuesto a tratar de repetir semejante "hazaña" en su propia Patria, a la altura del Siglo XXI.

A este respecto, nos dice el ex-embajador de Bolivia en Washington, Mariano Baptista, al aludir a la Constitución propuesta por el propio Bolívar para Bolivia: "En esas formas de poder, que evidentemente chocan contra la esencia republicana de la presidencia electiva, temporal y responsable, debe verse por igual el horror de Bolívar a la anarquía o el despotismo (en que cayeron, sin excepción las nuevas naciones salidas del vientre colonial español) y la tradición autoritaria de la península..."

Tanto en Cuba como Venezuela hoy, un reducido porcentaje de la población ha sentido predilección por el totalitarismo de corte soviético, su *Estado Policía,* la falta de libertad de expresión, la persecución, el garrote, la tortura de todo tipo, el exilio extensivo y el asesinato político. Todo ello como fórmula preferida y hasta ideal maquiavélico para sacar a nuestras sociedades del sub-desarrollo político, económico, científico y, sobre todo, moral.

El Profesor Francisco Monaldi, en conferencia pronunciada en el Woodrow Wilson Center de la Ciudad de Washington el 30 de enero de 2014, afirma que, en Venezuela, tal porcentaje es únicamente un cuatro por ciento (4%) de la población. Una proporción minúscula de la ciudadanía, pero debidamente organizada y financiada con los recursos del Estado.

Tal vez lo anterior era lo que temía Bolívar cuando ya antes, durante su exilio, nos decía en su famosa Carta de Jamaica de 1815: "Aunque aspiro a la perfección del gobierno de mi patria, no puedo persuadirme de que…sea por el momento regido por una gran república…como es imposible, no me atrevo a desearlo…" Y agregaba lo siguiente: "Toda idea relativa al porvenir de este país me parece aventurada".

¡Se imponía, entonces, la búsqueda de fórmulas y esquemas políticos propios y transitorios! Transitorios, pero sin caer en posturas doctrinarias absolutistas irreductibles. Esas "formas de poder" antidemocráticas resultaban comprensibles y aceptables únicamente hasta superar el caos del inicio y poder aspirar a esa *gran república* de que nos habla extensamente La Carta de Jamaica, escrita en septiembre de 1815.

Tal vez debería resultarnos no solamente inspiradora, sino también lección elemental de Ciencia Política, la siguiente cita del Libertador en Angostura, hoy Ciudad Bolívar, en el curso del paisaje natural que nos sigue ofreciendo el poderoso Río Orinoco: "No somos europeos, no somos indios, sino una especie media entre los aborígenes y los españoles."

Llama poderosamente la atención que a este concepto propio y fundamental se referiría dos siglos después Octavio Paz al recordarnos que "Somos y no somos europeos. ¿Qué somos entonces?"

Acaso no son de igual modo pertinentes las palabras de Bolívar, respecto al híbrido especial de nuestra América Latina, cuando repite la pregunta ya planteada en La Carta de Jamaica de 1815: "¿No sería muy difícil aplicar a España el código de libertad política, civil y religiosa de la Inglaterra?" ¿No tendría El Libertador una preocupación esencial y todavía válida en

23

nuestros días? ¡Las opiniones a este respecto no deberían continuar divididas!

¡Enrumbemos pues para siempre nuestros pasos de cara al pasado, pero sobre todo al futuro de Iberoamérica!

V. Latinoamericanos y Norteamericanos.

Leyendo y releyendo a Mariano Baptista, ex-Embajador de Bolivia en Washington, acuden a la mente numerosas reflexiones, unas directamente inspiradas en su texto, y otras sugeridas indirectamente por sus fructíferas meditaciones. Así, por ejemplo, señala lo siguiente este baluarte de los valores culturales latinoamericanos:

> Aunque los derechos humanos están consagrados en todas las constituciones (de nuestros países), han abundado los gobiernos dictatoriales...." Por otra parte, (en los Estados Unidos) tan importante como la Constitución original es el *Bill of Rights* aprobado en 1791 e incorporado al texto de la misma." "No importa lo que digan las constituciones (consideradas ideales más que realidades tangibles); existen, además de las elecciones, otras formas de llegar al gobierno: golpes de estado, guerrillas, movimientos de protesta como huelgas...que   dan fin con un gobierno e inician otro.

Quizás más importante aún, podríamos agregar, es el hecho de que nunca hemos sido "un gobierno más de leyes que de hombres". Igualmente conviene tener presente que el documento constitucional que se adopta en Filadelfia en 1787 y que comienza diciendo *"Nosotros el Pueblo"* (*"We the People"*), no habría sido aprobado después por los trece Estados iniciales de la Unión, si no hubiese existido el compromiso previo de aprobar y agregar los referidos derechos humanos, hijos de la Carta Magna de 1215 y del *Bill of Rights* inglés de 1689.

Nota: Mariano Baptista, además de escritor, fue también abogado, Ministro de Educación en su país y viajó extensamente por Europa y el resto del mundo.

Conviene tener presente que cuando los colonos norteamericanos se levantaron contra la Corona Inglesa, "lo hicieron invocando las *leyes coloniales* y aspirando a *iguales derechos* a los que disfrutaban en la metrópoli los ciudadanos"... que residían a orillas del Río Támesis.

Por otra parte, tal vez porque en España se impusieron importantes consideraciones religiosas que condujeron a considerar como "usura" y pecado todo tipo de intereses, nos dice Mariano Baptista lo siguiente:

"El 'homo economicus' es el terrateniente que posee una hacienda, posiblemente mal manejada e improductiva...Prefiere invertir su excedente económico, si lo hay, en bienes raíces en la capital o en una cuenta en el exterior, en vista además de la inestabilidad de la situación (¿política?)..."

Por supuesto que Baptista piensa en términos generales en la región, más que en ningún país en particular, cuando agrega que nuestro 'homo politicus' considera que *el campo económico* es por su naturaleza "sucio", tal vez como resabio de la antigua postura oficial contra "la usura". Si bien la usura ha sido condenada moral y legalmente, en China e India desde la antigüedad, en España, por influencia de la Iglesia, el pecado-delito alcanzó niveles particularmente graves.

Por otra parte, cabe preguntarnos si su consecuencia nos ha resultado gravosa y si es posible el desarrollo de la economía sin acudir a préstamos financieros (por parte de los individuos y las sociedades mercantiles) para el desarrollo de la industria, de importantes construcciones y casi que cualquier otro proyecto de gran envergadura.

A esta postura oficial contra la usura, habría que agregar el tradicional prejuicio al trabajo con las manos, supuestamente proveniente de la conquista musulmana, y a los llamados "oficios viles".

En oposición cultural, en Los Estados Unidos no se encuentra ni esta actitud frente al trabajo manual ni al apoyo financiero indispensable para iniciativas económicas de la más variada naturaleza. Más bien, observa Baptista, muchos tienden a considerar "sucia" *la beligerancia política*, tanto de los que aspiran al poder, como de tantos de los que efectivamente asumen y ejercen las gestiones de gobierno, confrontando constantes tentaciones que invitan y frecuentemente llevan a la corrupción. Recordemos que, para muchos, el poder siempre corrompe y el poder absoluto corrompe absolutamente.

Para otros, esta doble postura cultural continúa su evolución en forma significativa, aunque subconsciente, influyendo acontecimientos en el presente Siglo XXI.

VI. Algunas Citas Ilustres.

Nos permitimos a continuación algunas referencias que llaman la atención al tema *hispanoamericanos* y *norteamericanos*, abordado comprensivamente por el distinguido colega Mariano Baptista en su libro antes mencionado.

Entre éstas, hay innumerables citas desde los días de Louis de Armand (1747-1793), de Sergio Buarque de Holanda (1769-1859), así como desde José Carlos Mariátegui (1894-1930), Mariano Picón Salas (1901-1963) y José Manuel Briceño Guerrero, nacido en 1929 y recientemente fallecido en 2014.

La autobiografía de Louis de Armand resulta pertinente, porque alude al período justo antes de la Revolución Francesa y durante la Independencia de los Estados Unidos. Sin embargo, él termina guillotinado, igual que su esposa, durante el *Régimen del Terror*.

Más concretamente, Sergio Buarque de Holanda, una de las máximas figuras de las letras brasileñas, se refiere a *la experiencia colonial de su país como un obstáculo para el establecimiento de la Democracia*.

Por su parte, José Carlos Mariátegui, viaja desde su nativo Perú por varios países de Europa, incluyendo Francia y Alemania y se radica por varios años en Italia durante el surgimiento de la dictadura de Benito Mussolini. Al regresar al Perú, se referirá al fascismo como una respuesta a la crisis social de cualquier país.

A su regreso de Europa, Mariátegui pasó a formar parte del naciente partido político APRA, fundado por Víctor Raúl Haya de la Torre. A éste tuve la oportunidad de conocerlo personalmente y dialogar extensamente con él después en Londres, ya en su madurez, cuando había renunciado desde mucho antes al marxismo, por el cual sintió simpatía durante su juventud.

A su vez, los distinguidos hombres de letras venezolanos, Mariano Picón Salas y José Manuel Briceño Guerrero, contribuirán notablemente al tema de la identidad cultural y necesaria unidad continental de la América Latina. El primero se ve en la necesidad de exiliarse en Chile durante la extensa dictadura de Juan Vicente Gómez. De vuelta a su patria, ya para el año 1944, publica su obra *De la Conquista a la Independencia,* como una síntesis de la unidad cultural latinoamericana y sus relaciones a nivel universal.

Para Briceño Guerrero, un políglota con dominio de numerosos idiomas y culturas, lo fundamental es buscar, dentro de nosotros mismos en la América Latina, un ejemplo de *unidad fraternal.*

Si no fuese porque extendería, desproporcionadamente, este texto, también pudiésemos tener numerosas citas de nuestros ilustres istmeños Justo Arosemena (1817-1898) y Eusebio Morales (1865-1929), del uruguayo José Enrique Rodó (1872-1917), e incluso del español Salvador de Madariaga (1886-1978).

El Dr. Justo Arosemena, jurista, considerado el máximo exponente de la intelectualidad panameña durante el Siglo XIX, en su condición de representante del Istmo en el Congreso de la República de Colombia, logró en 1855 que se creara constitucionalmente El Estado Federal de Panamá.

También en Panamá, durante 1909, como hemos señalado, el Dr. Eusebio Morales, habría de criticar la creación de escuelas para la enseñanza de "sólo un aspecto de las cosas, sólo una faz de las doctrinas, sólo un sistema de ideas sin discusión ni examen", como sigue ocurriendo hoy en los totalitarismos de izquierda o de derecha.

Es posible asumir que a todos nos interesa, igualmente, saber lo que dicen sobre el tema latinoamericano un Luis Alberto Sánchez (1900-1994) y un Octavio Paz (1914-1998).

Y, fuera del Continente, es también importante el impacto y la intensidad que nos produce el hecho de que el Jefe de La leal oposición de su Majestad ("The loyal oposition of his Majesty") recibe desde hace muchos años un salario de la Corona para que realice su trabajo de oposición política y su labor de fiscalización... y no se encuentre en desventaja del Primer Ministro. ¡Evidentemente, esto resulta una sabia medida más contra la corrupción!

Por algo nos decía el Profesor José Isaac Fábrega, nuestro querido maestro de Ciencia Política en la Facultad de Derecho, en el prólogo a una publicación mía sobre consideraciones culturales y políticas de la Europa de fines del Siglo XX: ¡Qué país de países este de Inglaterra en que la oposición es consagrada oficialmente como esencia del Gobierno!

Tal vez por ello, sugiero a quienes fueron después mis propios alumnos en la Facultad, que se inclinen también respetuosos ante un Fernando Díaz-Plaja (*Otra Historia de España*) y un Carlos Rangel (*Del Buen Salvaje al Buen Revolucionario*).

Pero, volviendo al meritorio intelectual boliviano Mariano Baptista, él nos presenta el siguiente contraste: Frente a los conductores de la independencia iberoamericana, como sucede con Bolívar y San Martín, "existe una especie de culto religioso que...los convierte...en algo sagrado..."

En cambio, en los Estados Unidos, entre los forjadores de la nacionalidad encontramos "a algunos presidentes como Washington, Jefferson, Lincoln, F.D. Roosevelt, Kennedy (pero también) a capitanes de la industria como Valderbilt, Carnegie, Rockefeller, Ford... inventores como Edison, científicos como Einstein...y hasta existe una sub-categoría de ídolos y héroes del folklore..."

También enfatiza Baptista que "La mente del latinoamericano es por lo general deductiva, esto es, se inclina a deducir una serie de conclusiones partiendo de una sola premisa." Mientras que, para él, "La mente del anglosajón es frecuentemente inductiva: es decir, prefiere llegar a una conclusión, a través de varias premisas."

En el Capítulo V de *La Democracia Enjuiciada: Alegato de la Defensa,* me refiero en detalle a lo que al respecto representó la obra *Novum Organum,* de Francis Bacon, para el desarrollo científico de la Gran Bretaña a partir de los comienzos del Siglo Diecisiete. Me refiero justamente al remplazo del sistema deductivo por el inductivo.

Curiosamente, eruditos musulmanes como Raphael Patai discuten también esta tendencia muy nuestra, pero tal vez heredada e influida por los ocho siglos de conquista árabe en España. Recordemos que, después del Latín, el Arabe es la lengua que más ha influido en nuestro idioma.

En *La Democracia Enjuiciada,* página 182, me he referido *in extensu* a esta mentalidad en sus variantes positivas y negativas. Aspectos positivos son tales como "el fuerte vínculo familiar" (cuando existe la familia, claro está) y el "énfasis en la hospitalidad". Mas, por otro lado, nos encontramos con la "aversión al trabajo con las manos" y "la tendencia a culpar a otros por nuestra falta de desarrollo científico y tecnológico".

Patai, también expresa en su libro *La Mente Arabe*, que culturalmente "la mente tiende más a depender de palabras que de ideas, y más de ideas que de los hechos". Y añade aspectos como "el incurable romanticismo" y "el sentido del honor", que a veces impulsa a excesos devastadores, no sólo en las personas, sino que incluso en naciones, como hemos visto recientemente en los Balcanes.

Algunas de estas características pueden encontrarse, en general, en países de la cuenca del Mediterráneo.

Sobre este particular, podemos aludir al análisis de varios eruditos árabes que se han dedicado al tema, sobre todo después de la invasión de Napoleón a Egipto a comienzos del Siglo XIX.

VII. ¡Más de lo mismo!

Se ha dicho que el norteamericano se siente un "hombre nuevo", bastante distante e indiferente ante el complejo y cada vez más olvidado pasado histórico, incluso de ese gran mosaico de países existente en el "viejo" Continente.

Por nuestra parte, hemos llegado a cierta conclusión respecto a una de las mayores dificultades que existen para la mejor comunicación, entendimiento y colaboración entre las personas del dominante mundo Anglo-Sajón en el Norte y las del dominante mundo Latino en el Sur del Continente Americano. Me refiero a la significativa ignorancia que prevalece en unos con respecto a los otros.

Peor aún, no existe, en absoluto, el interés sostenido de conocernos mejor ni en el Sur con relación al Norte, ni menos todavía del Norte con referencia al Sur.

Otro fenómeno que he podido comprobar, repetidas veces, es el de profesionales latinoamericanos que cursan estudios superiores en Norteamérica. En efecto, particularmente quienes concluyen con honores sus estudios, frecuentemente, reciben ofertas de trabajo difíciles de igualar en nuestros países. Se dan, no obstante, meritísimas excepciones de parte de quienes, por amor a la tierra natal, insisten en regresar a Latinoamérica, evitándose una mayor "fuga de cerebros".

¿Hasta dónde tiene razón Octavio Paz cuando nos recuerda, en *El Laberinto de la Soledad,* que algunos pretenden "que todas las diferencias entre los norteamericanos y nosotros son económicas...que ellos son ricos y nosotros pobres?" ¿Debemos tomar como un insulto las palabras de L. Harrison cuando, refiriéndose al subdesarrollo, escribe su libro *El Subdesarrollo es un estado mental?*

Para muchos expertos, Max Weber tiene razón cuando afirma que no puede explicarse el protestantismo y el capitalismo sin relacionarlos el uno con el otro. Desde la explosión de la iniciativa económica en manos de los ciudadanos y sus asociaciones o compañías, todas las ocupaciones adquirieron una nueva importancia e imprescindible aprecio.

Los hombres del Renacimiento y la Reforma alcanzaban un status de mayor libertad económica. Y esa mayor libertad económica, no importa lo que digan algunos pocos historiadores de excepción, estuvo llamada a producir igualmente una mayor libertad política. Una especie de "capitalismo democrático" vs el capitalismo antes conocido, minoritario y excluyente, ejercido por un mismo porcentaje mínimo y reducido de la sociedad.

Sobre este tema, nos parece válido e ilustrativo el comentario que hace también Mariano Baptista sobre la relación entre el protestantismo y el capitalismo. Para él, "...la ética protestante sentó las bases para la expansión de los nuevos modos de producción, después de la Edad Media. Martín Lutero y los demás reformadores no fueron tanto profetas del sistema de producción que se abría campo, como intérpretes de la realidad social que se venía plasmando, sobre todo en los burgos de Holanda y Alemania y en los que se rendía culto a la frugalidad, la laboriosidad y el trabajo productivo en contraste de la vida contemplativa y ascética..."

También al respecto, en su obra *Europa después de Napoleón*, nos recuerda David Thomson cómo, incluso para el Siglo XVIII, Francia continuaba gobernada por un absolutismo cuyo fundamento político-económico lo constituía una nobleza improductiva, libre de impuestos, pero cuyas familias monopolizaban incluso los altos puestos del gobierno civil, del ejército y hasta todos los obispos eran nobles.

Por otra parte, ¿cuál resultó la consecuencia entre el protestantismo, insistiendo en la lectura de la Biblia, sin "intermediarios"; y la prohibición de su lectura entre nosotros, tanto en España como en la América Española? La excepción a esto último consistía en procurar la ayuda de un sacerdote o erudito en los textos religiosos, considerado desde la Edad Media como la persona que ejercía la más distinguida y apetecible de las profesiones.

¿Hasta dónde acertaba Mariano Picón Salas al considerar que "La democracia norteamericana se (cumpliría) como ascenso de gentes que se consideraban iguales"? De igual manera, y más que de una *lucha de clases*, ¿yerran acaso quienes, predominantemente, consideran la fuerza laboral como parte de *una gran clase media*, cuyo mejoramiento y promoción depende del buen éxito de la empresa en que participan?

¡Conviene recordar, además, como lo hace igualmente Mariano Baptista, que los fundadores de nuestras Repúblicas "que no murieron asesinados o en los conflictos <u>posteriores</u> (el subrayado es nuestro) a la independencia terminaron sus días en el exilio..."!

Mientras que Baptista destaca el hecho de que, "... los fundadores de la República norteamericana continuaron actuando en política por varias décadas...". Entre aquéllos que participaron en el llamado *Segundo Congreso Continental*, en Filadelfia en 1776, continuaron ofreciendo sus conocimientos a la Nación, como George Washington, John Adams, Tomás Jefferson y James Madison, los primeros cuatro Presidentes del país.

Las referencias y consideraciones anteriores han sido tomadas o inspiradas por la obra de Mariano Baptista ya mencionada. Y, como si fuese necesario para ayudarnos a reflexionar, agregamos su siguiente comentario: "En la Organización de Estados Americanos, donde predominan los países latinos, ninguna reunión importante empieza con menos de una hora de retraso, aunque ya estén corriendo puntualmente los salarios de los intérpretes y todo el personal burocrático se halle en su lugar."

Pienso que, más que culpar a otros por nuestra tradicional dependencia científica y tecnológica - y consecuentemente económica - necesitamos vernos en el espejo de nuestras propias realidades culturales. Así podremos encontrar la verdadera razón del relativo atraso, hijo también natural y desafortunado de la extensiva persecución, inquisición y la hoguera, cuando justamente surgía en Europa la *Edad Moderna*.

La alternativa nos parece clara: ¡O avanzamos esencialmente con los valores de Occidente, o nos refugiamos en un estrecho pasado colonial y sus efectos políticos-económicos-culturales en sinnúmero de aspectos fundamentales!

Desde nuestra Independencia de España no han faltado quienes, espada en mano, han tratado de conducirnos hacia un futuro mejor, con base en el *caudillismo*. Tristemente, una vez llegados al poder, estos mismos supuestos "adalides" olvidan las siguientes palabras de El Libertador antes citadas:

La continuación de la autoridad en un mismo individuo frecuentemente ha sido el término de los gobiernos democráticos...el pueblo se acostumbra a obedecerle y él se acostumbra a mandarlo; de donde se origina la usurpación y la tiranía.

¿No es acaso esto, precisamente, lo que algunos abogan y otros olvidan, desde la tribuna política y hasta las cátedras universitarias de Ciencia Política, Historia y Humanidades en general?

VIII.   Octavio Paz y su búsqueda del Presente.

Desde cuando se publica su obra *El Laberinto de la Soledad* en 1950, hasta 1990 cuando se le otorga el Premio Nobel, Octavio Paz nos presenta, con gran visión, un análisis histórico y político que trataré de reiterar ahora en base a algunas citas, reflejo a veces del buen poeta que también ha sido.

Tal vez por mis circunstancias personales como refugiado político, yo encontré en sus palabras algunas observaciones particularmente relevantes. Entre otras, por ejemplo, siempre atrajo mi atención la siguiente cita:

"Cuando llegué a los Estados Unidos me asombró por encima de todo la seguridad y la confianza de la gente...su aparente conformidad con el mundo que los rodeaba. Esta satisfacción no impide, claro está, la crítica – una crítica valerosa y decidida, que no es muy frecuente en los países del Sur, en donde prolongadas dictaduras nos han hecho más cautos para exponer nuestros puntos de vista..."

Era como si existiese la idea, generalizada en la población, que bien expresara el Presidente Franklin D. Roosevelt cuando sentenció: "Lo único que debemos temer es al temor mismo" (*"The only thing we have to fear is fear itself"*).

Y como si fuese necesario aclarar más su pensamiento, permítasenos otra cita alusiva de Octavio Paz: "El revolucionario es siempre radical, quiero decir, no anhela a corregir los abusos, sino los usos mismos. Casi todas las críticas que escuché de labios de norteamericanos eran de carácter reformista: dejaban intacta la estructura social o cultural...Me pareció entonces – y me sigue pareciendo todavía – que los Estados Unidos son una sociedad que quiere realizar sus ideales, que no desea cambiarlos por otros y que, por más amenazador que le parezca el futuro, tiene confianza en su supervivencia." ¡Qué diferencia con nosotros!

A Octavio Paz llega a parecerle que, por otra parte, el mexicano y el hoy llamado "hispano" (antes generalmente denominado "latino"), puede llegar a parecer hasta "peligroso" al norteamericano tradicional.

Hasta hace poco la sociedad norteamericana ignoraba al no WASP (White Anglo-Saxon Protestant) pero ahora, con una creciente proporción de inmigrantes no Europeos, más bien teme perder sus características culturales anteriores.

Es, por otra parte, interesante lo ocurrido con los afro-americanos sobre todo a partir de la década de los sesenta y las *luchas civiles*, quienes han logrado pasar en sólo dos generaciones, de los asientos de atrás de los autobuses y trenes, al primer Presidente afro-americano, Barak Obama. Pero para Octavio Paz, mientras este grupo pugnaba por forzar la puerta que le impedía entrar como parte de la sociedad, el hispano muchas veces se resiste a integrarse culturalmente.

Recientemente, es notoria la "repentina aparición" de una clase media hispana ya educada en el país y con amplio dominio del idioma Inglés. ¿No es ya visible, por otro lado, la presencia creciente de profesionales en todas las especialidades, pero con nuestros apellidos y características físicas?

A este respecto recordamos, precisamente, el momento en que, como de pronto, aparecieron afroamericanos comentaristas en la televisión y atractivas muchachas afro desempeñándose como aeromozas en las distintas aerolíneas.

¿Cómo puede vislumbrarse, entonces, el futuro a no tan largo plazo de la *minoría* hispana que ya es más numerosa que la otra significativa *minoría* afroamericana?

Es evidente que resultaremos una mayoría en ciertas zonas del país, como el Sur de la Florida o partes de California, tal como sucede culturalmente con el francés en el Quebec canadiense. ¿Parece acaso probable que puedan aceptarse como oficiales dos idiomas en USA, tal como ha sucedido en Canadá?

Si la historia reciente es ejemplo, lo más probable es que constituiremos un segmento importante de la mezcla racial (melting pot) que simboliza a la sociedad norteamericana, tal como sucede con los italianos que han consagrado la pizza como el "plato nacional", o los irlandeses que han logrado un *día nacional* para celebrar festivamente a San Patricio.

Pero volvamos a otra cita alusiva de Octavio Paz. Para él: "Algunos pretenden que todas las diferencias entre los norteamericanos y nosotros son económicas, esto es, ellos son ricos y nosotros pobres, que ellos nacieron en la Democracia, el Capitalismo y la Revolución Industrial y nosotros en la Contrarreforma, el Monopolio y el Feudalismo. Por más profunda y determinante que sea la influencia del sistema de producción en la creación de la cultura, me rehúso a creer que bastará con que poseamos una industria pesada y vivamos libres de todo imperialismo económico para que desaparezcan nuestras diferencias..."

IX. Octavio Paz – continuación

Al pronunciar su conferencia magistral aceptando el Premio Nobel en 1990, Octavio Paz nos reitera y amplía sus reflexiones sobre "la búsqueda del presente".

Para él, "...el desarrollo de la literatura angloamericana coincide con el ascenso histórico de los Estados Unidos como potencia mundial; el de la nuestra con las desventuras y convulsiones políticas y sociales de nuestros pueblos."

Y luego nos agrega: "¿Cuándo se rompió el encanto (de las ilusiones de su niñez)? No de golpe: poco a poco. Nos cuesta trabajo aceptar que el amigo nos traiciona...que la idea libertaria es la máscara del tirano".

Bueno, en nuestro caso personal, tal vez el encanto de las ilusiones y las esperanzas redentoras para nuestra sociedad, sufrieron un duro golpe al cursar mi post-grado en Leyes en Inglaterra.

Ello, tal vez porque yo desconocía totalmente la larga y particular evolución de las ideas políticas que representan la democracia Anglo-Sajona. Era preciso que descubriese sus profundas raíces que se remontan a lo que es hoy Alemania y Dinamarca, antes de la caída del Imperio Romano y a la gran emigración que atravesaría después el Canal de la Mancha. ¿Cómo compararla con nuestro afán "revolucionario" no siempre consciente, pero que data también de siglos?

Volviendo a Octavio Paz, pareciera que, a veces nos cuesta comprender que "...el progreso se realiza gracias a la doble acción de la ciencia y de la técnica, aplicadas al dominio de la naturaleza y a la utilización de sus inmensos recursos". O que "...vivimos la crisis de las ideas y creencias básicas..."

No todos aceptamos que "Los beneficios de la técnica moderna son incontables, pero es imposible cerrar los ojos ante las matanzas, torturas, humillaciones, degradaciones y otros daños..." O, de igual manera, que "Los cadalsos y las tiranías, las guerras y la barbarie de las luchas civiles eran el precio del progreso...".

Y si los beneficios de la técnica son en efecto incontables, debemos tener presente que el arte de imprimir se desarrolló primero en otras latitudes, que contaban además con mayor libertad para poner en el papel los frutos del pensamiento más progresista y tolerante, en lugar de la frustración y la desesperanza.

Lo anterior nos trae a la memoria la afirmación del eminente médico e intelectual español, Doctor Gregorio Marañón, cuando afirma que toda revolución es una enfermedad social. ¿Hasta dónde es la revolución misma, una respuesta natural a esa frustración y la desesperanza de las mayorías más empobrecidas? ¿Acaso no es ello precisamente lo mismo a que alude José Carlos Mariátegui (citado anteriormente en este mismo Ensayo) cuando se refiere al fascismo como una respuesta a la crisis social?

En fin, podemos afirmar que se trata de la reacción de segmentos deprimidos de la sociedad, que se revelan ante la falta de una evolución político-económica sostenida, pero además progresiva y compartida.

Tal vez muchos podamos coincidir con Octavio Paz en que "El determinismo histórico ha sido una costosa y sangrienta fantasía." O en que "el derrumbe de las utopías ha dejado un gran vacío, no en los países en donde esa ideología ha hecho sus pruebas y ha fallado, sino en aquéllos en los que muchos la abrazaron con entusiasmo y esperanza."

Se impone, sin embargo, enrumbar la nave del Estado sin olvidar el pasado. ¡La sociedad en su conjunto no puede olvidar el pasado! Y su futuro depende de la determinación y la fe que se inspira en los mejores valores del ser humano. Valores tales como la convivencia, la tolerancia y el respeto a los derechos humanos. ¿Como, sin olvidar en absoluto las necesidades esenciales y mínimas para la existencia, superaremos los simples "derechos animalísticos" del albergue y la comida?

Como si anticipase lo que estamos viviendo hoy en el Siglo XXI, que él no llegó a conocer, nos dice Octavio Paz en Estocolmo: "Los hombres podrían ser poseídos nuevamente por las antiguas furias religiosas y por los fanatismos...Sería terrible que la caída del ídolo abstracto de la ideología anunciase la resurrección de las pasiones enterradas...Por desgracia. Los signos son inquietantes."

"...el triunfo de la economía de mercado...no puede ser únicamente motivo de regocijo. El mercado es un mecanismo eficaz pero, como todos los mecanismos, no tiene conciencia... Hay que encontrar la manera de insertarlo en la sociedad para que sea la expresión del pacto social y un instrumento de justicia y equidad."

Ya casi al final de su conferencia magistral al recibir el Premio Nobel, Octavio Paz se pregunta y nos pregunta a todos: "¿Qué sabemos del presente? Nada o casi nada..."

X. Reflexiones sobre la Consagración de La Nacionalidad Panameña y la Construcción del Canal.

Desde cuando el propio *Cristóbal Colón*, en su cuarto y último viaje, recorriese la costa del Océano Atlántico del Istmo en 1502, y luego *Vasco Núñez de Balboa* "descubriese el Mar del Sur" en 1513, la geografía "tan clara y tan precisamente definida de Panamá", sellaría su suerte como país de tránsito.

Valga agregarse que, desde el comienzo mismo de la colonia, el *Emperador Carlos V*, mediante Cédula de 26 de febrero de 1538, creó la significativa *Real Audiencia de Panamá*. Luego vendrían las Reales Audiencias de Lima en 1542 y la de Bogotá en 1549.

Después vendría igualmente el establecimiento del *Virreinato de Nueva Granada*, del cual inicialmente Panamá no formaba parte, y una vez lograda la Independencia de España, *La Gran Colombia* integraría lo que hoy son seis naciones independientes.

Recordemos que la independencia de las primeras naciones se lograría tras famosas y determinantes batallas. Entre éstas, las de Boyacá en 1819, Carabobo en l821, Pichincha en 1822, al igual que Ayacucho y Junín en 1824, dirigidas principalmente por el *Libertador Simón Bolívar*, aunque sería el *Mariscal Antonio José de Sucre* quien se inmortalizaría en Ayacucho.

Sin bien la Batalla de Boyacá permitiría la independencia de Colombia, y la Batalla de Carabobo la de Venezuela después, muchos parecen olvidar que la Independencia de Panamá de España fue llevada a cabo el 28 de Noviembre de 1821, como resultado de una acción especial separada y por la propia iniciativa de los habitantes del Istmo. Acto seguido, Panamá tomó la decisión de unirse al ideal de Bolívar representado por la Gran Colombia.

Desde el comienzo mismo de la vida independiente, La Gran Colombia representó la vieja aspiración de los Padres Fundadores de nuestros países por una *América Latina democrática y unida tanto política como económicamente*. Lastimosamente, este comienzo tendría escasa duración. Sensiblemente, sería la propia Venezuela, cuna del Libertador, la primera experiencia nacional en separarse e iniciar la desintegración de La Gran Colombia.

Experiencia ésta que reflejaría el caos político y las guerras civiles fratricidas que nos aquejaron a partir de la Independencia y durante todo el siglo XIX. Aún a la altura del Siglo XXI, estamos convencidos de que será muy difícil avanzar democráticamente, en lo político y lo económico, mientras continuamos contemplando la alternativa de la tiranía y los gobiernos de mano fuerte.

En el caso de Panamá, ese caos político-militar, alejado de una verdadera Democracia viable, bien fuese centralizada o federalizada, se extendería a los umbrales de nuestra separación de la República de Colombia, desde 1899 hasta el año 1902, con la llamada *Guerra de los Mil Días*, entre Liberales y Conservadores.

Es igualmente necesario no olvidar las *tres fallidas declaraciones de Independencia realizadas en el Istmo* durante el período colombiano, tanto por José Domingo Espinar en 1830, como por Juan Eligio Alzuru en 1831 y Tomás Herrera en 1840.

¿Y qué decir de los contundentes argumentos ofrecidos por el Dr. Justo Arosemena, como representante del Istmo, para que se reconociese y crease *El Estado Federal de Panamá* el 27 de febrero de 1855?

Curiosamente, ya bien entrado el presente Siglo XXI, y cuando todavía no existe ni siquiera una carretera que una a Panamá con Colombia, los panameños tenemos que enfrentar *La Leyenda Negra* que alude a un simple "desmembramiento de Colombia, producto del afán imperialista de Teodoro Roosevelt".

A esta leyenda anti-panameña contribuiría la *política interna* de los Estados Unidos y los ataques, productos al menos en parte del forcejeo político-partidista, endilgados a este debatido representante del Partido Republicano. Como es sabido, él ocupó la Presidencia de su país durante dos períodos consecutivos, entre 1901 y 1909. Por otra parte, semejante distorsión era alimentada en todo momento por razones de *política internacional* que, indirectamente, han contribuido a enturbiar la imagen del sentimiento nacional istmeño.

Así, cuando nuestros estudiantes concurren a universidades en USA, no importa que fuese para estudios tales como medicina o historia del arte, invariablemente tienen que enfrentar la ignorancia histórica de compañeros y hasta de profesores.

La misma confrontación la experimentamos los panameños en diversas latitudes del Continente, pues muchos continúan repitiendo lo que consideran caprichoso surgimiento de nuestra nacionalidad, producto de la imaginación del vigésimo sexto Presidente norteamericano.

No solamente en los Estados Unidos del Norte nos ha tocado defender con orgullo nuestro sentir nacional frente a la supuesta creación artificial de la República, como un simple desgarramiento "de un brazo de Colombia". Igualmente reaccionamos ante la afirmación relacionada con la imaginaria creación de "la colonia panameña", no solamente dentro del territorio de la ahora inexistente Zona del Canal, sino, además, en la totalidad del territorio comprendido desde las fronteras con Colombia y Costa Rica.

Para estos historiadores carentes de veracidad, nunca existió la Independencia particular de Panamá de España el 28 de Noviembre de 1821, "por su propia iniciativa". Mucho menos nuestra inmediata y *voluntaria unión a La Gran Colombia y al sueño de Bolívar* puesto de manifiesto en su famosa Carta de Jamaica.

Conviene recordar por igual que en ese comprensivo documento de hace ya doscientos años, suscrito en Kingston durante su exilio, Bolívar comparaba al Istmo de Panamá con el de Corinto en Grecia y hasta manifestaba su idea de que un día pudiera fijarse allí "la capital de la tierra, como pretendió Constantino que fuese Bizancio la del antiguo hemisferio".

Al enfrentar La Leyenda Negra, hemos estimado indispensable comprender que diversos y opuestos *intereses nacionales,* y también *particulares* y *corporativos,* se conjugaron en 1903 para hacer posible el surgimiento, largamente deseado, de una República de Panamá independiente, dentro del concierto de las naciones.

En primer lugar y ante todo, hay que tener presente *el sentimiento nacional panameño, ampliamente compartido y reiteradamente manifestado* por los habitantes del Istmo. En segundo lugar, *el interés de los Estados Unidos de construir el Canal Interoceánico* que uniese el Atlántico y el Pacífico. Y, en tercer lugar, *el interés francés* por salvar, siquiera parcialmente, las cuantiosas pérdidas sufridas al fracasar el proyecto de Canal a Nivel intentado por Ferdinand de Lesseps y respaldado, inicialmente, con entusiasmo en toda Francia.

Naturalmente, existió igualmente el deseo de la República de Colombia porque el Canal se construyese en "su territorio". Al igual que el de la República de Nicaragua, porque se escogiese en definitiva la ruta alterna a través de su propio país, aprovechando los Lagos Managua y Nicaragua.

Entre los intereses particulares más importantes estuvo en todo momento el de los accionistas de la *Compagnie Nouvelle Du Canal de Panamá,* representados sobre todo por el Ing. Philippe Bunau-Varilla. Además, el interés de inversionistas norteamericanos organizados para especular en la compra de las acciones de la Compagnie Nouvelle, ya declarada en quiebra, y representados por el influyente abogado de Nueva York, William Cromwell.

Se afirma, además, que llegó el momento en que el interés del Presidente Teodoro Roosevelt, al inclinarse por la ruta de Panamá, lo llevaron a una participación activa, más allá del interés nacional norteamericano por el Canal, bien fuese por Panamá o por Nicaragua. Es significativo que tal interés ocurre cuando la ruta por Nicaragua era la preferida por el Senado norteamericano.

Lo importante es tener conciencia de que *todos estos intereses se harían presentes* durante el cabildeo (lobby) llevado a cabo ante diversos e importantes miembros del Senado norteamericano. En definitiva, era esta rama del Congreso la que tendría que aprobar o negar cualquier Tratado, bien fuese por Nicaragua o por Panamá. Al mismo tiempo, tenían lugar las diversas e intensas gestiones ante el Secretario de Estado John Hay y el propio Presidente Teodoro Roosevelt.

No solamente el Senado estuvo inicialmente inclinado por la ruta de Nicaragua, sino que cambiar esa tendencia conllevó ingentes esfuerzos de parte de todos los interesados en la ruta por Panamá. Entre éstos, naturalmente, se encontraban quienes representaban los intereses de Francia, cuyas acciones ya depreciadas enormemente, perderían totalmente su valor si prevalecía la preferencia por Nicaragua.

En el mismo sentido cabildeaban y gestionaban los inversionistas norteamericanos que especulaban con acciones del Canal Francés, quienes

44

arriesgaban perder también millones de dólares comprometidos por ellos en la compra de esas acciones, adquiridas por todo el territorio francés.

Los detalles de lo sucedido ha merecido la atención de numerosos historiadores, especialmente en los Estados Unidos y Panamá. Muy debatidas han sido sobre todo las circunstancias en que se designó, como representante de la naciente República de Panamá a Bunau-Varilla, quien había venido actuando simultáneamente en nombre de los accionistas de la Compagnie Nouvelle.

El uso extensivo que éste dio a su designación para lo que resultó la preparación y firma apresurada del Tratado Hay-Bunau-Varilla, resultaría la base de los numerosos reclamos presentados por Panamá contra Los Estados Unidos desde 1904 y a lo largo de todo el Siglo XX.

Sin esperar siquiera la llegada a la Ciudad de Washington y la participación de los delegados especiales enviados por barco desde la Ciudad de Panamá, la actuación de Bunau-Varilla ha sido debidamente interpretada como ajena a los intereses panameños. Y, además, como una traición dominada por su deseo principal en asegurar los intereses de los accionistas franceses.

Otro caso de múltiple representación, que ha dado base a la acusación de un *conflicto de intereses*, lo representó la actuación del prominente abogado William Cromwell. Este actuaba unas veces como representante designado de los accionistas de la compañía francesa, y otras, como organizador del consorcio de inversionistas norteamericanos que especulaba con las mismas acciones de la compañía francesa. Simultáneamente y por razones obvias, Cromwell era igualmente promotor del interés panameño de la alternativa del Canal por Panamá. Por ello, efectivamente, actuaba tanto ante el Congreso como ante el Organo Ejecutivo norteamericano.

Por todo ello, en nuestro criterio, se requiere la creación de una Comisión Nacional en Panamá, que estudie exhaustivamente este tema, fundamental y conflictivo por la diversidad de intereses opuestos que se dieron cita al final del Siglo XIX y comienzos del Siglo XX.

Esta labor resulta especialmente necesaria hoy, cuando el sentimiento nacional está amenazado por la inmigración incontrolada proveniente especialmente de Colombia, Centro América y el Caribe; pero, en general, de todo el mundo. Esta amenaza es incluso mayor a nuestro juicio que la que representaron los 100 años de presencia norteamericana en esa cintura del país que era la antigua Zona del Canal.

A fin de cuentas, desde 1907 los contratistas ganadores de la licitación para la construcción del Canal fueron remplazados por el propio gobierno norteamericano. Este procedió a asignar las obras al Cuerpo de Ingenieros del ejército, y de hecho convirtió el área canalera en una enorme base militar hasta el 31 de diciembre de 1999...con canchas de golf y todo. A pesar de lo definitivamente irritante que resultó esta especie de "pequeño Estado dentro del Estado Panameño", se ha dicho con acierto que los propios límites definidos, imponían una clara demarcación limitante.

Se trata nada menos que de aclaraciones y precisiones que las presentes generaciones le debemos a las futuras.

XI. El Instituto Nacional

Con el pasar de los años, la nostalgia es mayor cuando recordamos lo que fue el glorioso *Instituto Nacional de Panamá* y su aporte al desarrollo del país. El significativo impulso a nuestra Clase Media de las primeras décadas del Siglo XX, debió su mayor contribución al "Nido de Agilas", a las faldas del Cerro Ancón.

Por constituir "la primera casa de estudio de alto nivel académico que se fundó al proclamarse la República", este excepcional colegio fue declarado *Monumento Histórico Nacional.* Allí funcionó, por vez primera, la Universidad Nacional. Por lo demás, se ha dicho, con razón, que "el Instituto ha sido escenario de numerosas asambleas y reuniones que se han celebrado en sus instalaciones, para delinear la personalidad de la Nación."

Hoy, sin embargo, nos enteramos de la destrucción que han infringido los propios estudiantes a las estructuras físicas del colegio. ¿Y del espíritu de sana rebeldía qué nos queda? ¿Podrá, acaso, desaparecer para siempre, víctima de sus propios hijos? ¡Ojalá que no, y ésa es nuestra esperanza y profecía!

¿Cómo aceptar que mientras algunos de sus egresados se han preocupado realmente por lo que ha venido ocurriendo en épocas recientes, otros de esos mismos egresados parecen aplaudir lo ocurrido, por razón de circunstancias políticas personales? ¿Acaso el fanatismo hizo posible que, al lado de los institutores auténticos, aparecieran también los espurios? Estos falsos iconos hasta se presentaban como institutores ejemplares, mientras involucionaban de "aguiluchos" y preferían arrojar el nido al pantano, para multiplicar los "sapos" al servicio de la Dictadura.

Algo similar ocurriría en la Universidad Nacional donde, copiando la política establecida por el Generalísimo Francisco Franco en Universidades Españolas, se nombraba a estudiantes-espías como "Asistentes de Profesores". El examen de conciencia correspondiente lo dejamos al propio criterio de quienes se sienten o no cómplices de lo ocurrido.

¡Lo deseable, de cara al futuro, es que los Institutores, todos, hayamos aprendido la lección! A este respecto vienen a la memoria las palabras sabias y prudentes del Papa Juan XXIII: "Nosotros no estamos aquí para cuidar un Museo, sino para cultivar un Jardín".

No más distorsión universitaria ni traslados-castigos de una profesora de ciencias del Instituto a un Colegio muy lejano de la Ciudad de Panamá, por oponerse al gobierno militar del momento. Por sus obligaciones familiares, esta profesora se vio obligada a abandonar su profesión. Tampoco el despido de otra profesora, de Historia y Geografía, con post-grado en Europa, quien tuvo que emplearse como "sustituta" en un Colegio de la ex Zona del Canal. ¿Acaso alguien recuerda todavía el caso de otra distinguida profesora, quien terminó en un Colegio Privado impartiendo la enseñanza de la gramática y literatura españolas, acogida, generosamente, allí como un refugio?

Hasta donde sabemos, la mal disimulada persecución política sólo lograría transformar a estas ejemplares educadoras en más conscientes enemigas de la Dictadura.

¿Y qué calificativo merece la similar persecución, despido y encarcelamiento del meritorio y dinámico Presidente de la Asociación Nacional de Profesores, por no compartir el activismo político de las autoridades del Ministerio de Educación de la época?

Resultó realmente cruel tal encarcelamiento, por meses indefinidos, de este competente profesor. Su prisión terminaría cuando se le obligó a abandonar el país, con la exigencia adicional de que no podía retornar a la Patria...como si nos sobrasen los buenos profesores de matemáticas.

Y al mismo tiempo que se daban estos hechos, para los entusiastas abanderados de "La Revolución", todo esto pudiese parecer aceptable. Después de todo, eran frecuentemente institutores quienes realizaban "la faena", para usar un lenguaje taurino y muy español.

¿Acaso las referencias anteriores no representan la antítesis de todo lo que simbolizaba y había predicado el Instituto Nacional desde cuando abrió sus puertas por primera vez en 1909? ¿Y cómo conciliar la antipatriota conducta expuesta con el mensaje en bronce en el vestíbulo del Colegio, que nos recordaba a diario la sentencia de Emerson: "Sólo los que construyen sobre ideas, construyen para la eternidad"? A veces hasta sospecho haberme santiguado y dicho "Amén", ante esta placa de bronce.

Los resultados de éstas y otras persecuciones semejantes las estamos viviendo ahora, al comparar la preparación académica y la falta de conciencia cívica de un porcentaje indeterminado de alumnos del Colegio.

Se dio el caso del profesor universitario que antes se había referido al hecho de que: "Para sus creadores, el Instituto Nacional debía constituir el Colegio por excelencia de la República". Pero luego vendiera su conciencia por el bíblico "plato de lentejas".

Tampoco fueron pocos los que realmente creyeron en "la mano fuerte militar" como el mejor instrumento para la resolución de nuestros problemas raizales. A éstos hay que respetarles su idea absolutista, pero no aplaudirles tampoco su intolerancia.

Entre institutores y no institutores existieron, además, quienes al principio repudiaron lo que estimaron como "la desvergüenza" del Golpe Militar del 11 de octubre de 1968, a las nueve de la noche, por parte del Mayor Boris Martínez y del Teniente Coronel Omar Torrijos; pero al final engrosaron las filas de quienes interesadamente abrazaron el régimen de General Manuel A. Noriega.

¿Acaso no es "el Colegio por excelencia de la República" lo que pudiese suceder en un futuro de selección especial de los educandos?

Bueno, hemos aludido anteriormente a cinco ejemplos concretos e ilustrativos. Algo así como aludir a asesinatos políticos y desapariciones forzadas, que solamente pudieron ser aclaradas al caer del gobierno militar, después de más de veintiún años en el poder. En estos últimos casos, se trata de las múltiples denuncias ante La Comisión de la Verdad de Panamá, ejemplo de las que suelen crearse al caer las tradicionales Dictaduras en América Latina.

También es cierto que los crímenes investigados por esa Comisión no se cometían en plazas públicas, sino en forma encubierta, por lo cual pocos sabían de esos atropellos a los más elementales Derechos Humanos y hasta divinos de nuestros compatriotas. Ni siquiera los traslados-castigos en Educación eran conocidos más allá de las víctimas y sus allegados. Pero igual puede decirse de la mayoría del pueblo en los días del nazi-fascismo en Alemania, Italia o España.

Confiemos en que un día, no lejano, en lugar de adoptar políticas de exclusión, podamos ir los panameños en romería, para volver a cantar no solamente el Himno Nacional, sino también el Himno de ese "templo del saber". Templo venerable que fue el Instituto en sus mejores tiempos, inspirado por sus Esfinges, ya que "algún día sus labios de bronce la palabra suprema dirán".

XII. Algo más sobre Educación (yendo al tronco y no a las ramas)

Se ha dicho, por pedagogos, que cada estudiante es una flor en botón o capullo, digna de abrir radiante. Y como si fuese necesario demostrarlo, tenemos incluso los ejemplos de Albert Einstein, fracasando en matemáticas hasta ser auxiliado por un buen maestro, y el de Tomás Edison, quien con sólo tres meses de escolaridad logró patentizar cientos de valiosísimos inventos.

El caso de Edison es al mismo tiempo una prueba fehaciente de lo que puede llegar a valer el autodidacta, algo ampliamente demostrado por tantos exponentes ilustres, sobre todo en tiempos ya superados, cuando la educación era el privilegio de muy pocos y, ni la educación ni la salud públicas, eran conocidas siquiera en la vieja Europa.

Lo anterior no puede interpretarse en el sentido de que todo adolescente debe aspirar hoy a largas carreras universitarias, ni a un desprecio por carreras artesanales en las sociedades contemporáneas. A todos los niveles se requiere la determinación y cultivo de verdaderas vocaciones, teniendo en cuenta que un buen mecánico puede ser compensado económicamente mucho mejor que un profesor universitario.

Se trata de crear las condiciones para el desarrollo posible de la verdadera vocación del educando y su aspiración a lograr una vida futura con satisfacción y orgullo profesional.

Es por ello de suma importancia seleccionar adecuadamente tanto a los aspirantes a ingresar a los colegios, como a los propios profesores que serán su mejor y, muchas veces, única guía. Se impone respetar, pues, la estabilidad que han logrado los educadores tras largas jornadas y luchas; pero de cara al futuro se hace necesario igualmente *la selección de los nuevos aspirantes* a la ardua tarea de la enseñanza, pocas veces comprendida y apoyada por el resto de la sociedad.

En la medida en que en Latinoamérica avancemos hacia la integración económica primero, y política después, se harán posibles ingentes ahorros en costosos ejércitos creados para defender las fronteras nacionales. Ello permitirá, a un mismo tiempo, los fondos requeridos en los presupuestos anuales para el mejoramiento educativo de toda la población.

En mi país, Panamá, con el Canal Interoceánico en plena actividad, y sin contar con un ejército, no existe excusa alguna para no proveer el respaldo presupuestario prioritario a la educación. Realidad ésta que además mantuvimos por muchos años, para orgullo nuestro a nivel continental.

Ese respaldo debe consagrarse no solamente de cara al estudiante, en general, sino también para estimular a los educadores que lo merezcan por su labor sobresaliente y medible con base al mayor progreso comparativo de sus estudiantes en las diferentes materias o asignaturas. Al respecto, existen ejemplos dignos de imitar en diversas latitudes.

Que cada estudiante que ingrese al bachillerato, así como sus progenitores, comprenda que, al graduarse, principalmente estará capacitado para ingresar a la universidad y proseguir largos estudios. Estudios que no deben terminar, como a veces sucede, con la lectura del último libro asignado en las Facultades universitarias. Se trata, en efecto, de una vida dedicada al estudio y a la actualización correspondiente en las diferentes denominadas, frecuentemente, profesiones liberales.

Naturalmente que lo anterior excluye a quienes en España denominan *los señoritos,* quienes aspiran a cualquier cosa, menos a trabajar ardua y concienzudamente para labrarse su propio futuro. También se auto excluyen quienes prefieren actividades menos intelectuales, al ambiente casi monacal de la buenas bibliotecas y laboratorios.

Por otra parte, la experiencia demuestra que quienes renuncian a emprender lagos estudios, también pueden llegar a ser excelentes ciudadanos y verdadera levadura de sus respectivas comunidades.

Lo que sí deseamos enfatizar es el hecho de que, a partir de su admisión al centro educativo correspondiente, el estudiante deberá ser calificado tomando en cuenta su esfuerzo personal. Esto se impone puesto que, como sostenía mi madre, consagrada educadora, las condiciones y facilidades de los estudiantes varían considerablemente, tanto en la comodidad hogareña para el estudio, como en la capacidad del hogar correspondiente para proveer el material didáctico necesario.

Es por estas razones que resulta ideal que los educadores conozcan en lo posible las condiciones materiales de sus estudiantes y, sobre todo, se establezca un vínculo real y efectivo entre el hogar y la escuela. La experiencia demuestra el mayor éxito posible por parte de estudiantes provenientes de hogares humildes, pero con padres dispuestos a colaborar, al máximo de sus posibilidades, con el maestro y el profesor.

Para terminar, digamos tan sólo que en la Educación está el futuro de toda nación, y que a la instrucción propiamente dicha debe unirse, igualmente, la formación positiva de la conducta del ciudadano. La escuela constituye por antonomasia, la mejor ayuda con que cuenta el hogar para lograr el crecimiento intelectual y moral de sus hijos.

XIII. Los Estados Unidos del Norte y Los Des-unidos del Sur (Paralelismo Histórico y Lecciones en Teoría Política)

Permítaseme reproducir, solamente, algunas de las muchas conclusiones con las cuales puse final a mi libro del mismo nombre. Este libro lo comencé a preparar durante mi exilio en Ven ezuela y lo terminé después en Miami, Florida, mientras continuaba sin poder regresar a Panamá.

La intensa investigación y el análisis crítico correspondiente, pude realizarlos, primero en la Biblioteca Nacional de Venezuela, frente al Palacio Legislativo, y en la Biblioteca de la Universidad Central en Caracas, en el centro del campus. Este trabajo llegué a culminarlo progresivamente, luego, en la excelentes bibliotecas públicas del Sur de la Florida.

Sin más preámbulo, pues, copio textualmente las siguientes:

- La evolución diferente que se produce en España e Inglaterra a partir del período medieval, así como también la que se produce en Francia y Alemania...nos ayuda a comprender su diverso desarrollo político.
- Mientras en Inglaterra el Feudalismo llega tardíamente (1066) y el comercio de la lana con el resto del Continente adquiere importancia desde finales de la Edad Media, en España se prolongan las estructuras feudo-militares, sobre todo en Castilla, por razón de la prolongada lucha contra los moros.
- El Islam, que se había extendido desde China hasta España después de la muerte de Mahoma en el año 632, había llegado a conquistar casi todo el territorio español
- Por su parte, la Carta Magna (1215) y el fortalecimiento y desarrollo del Parlamento producen un equilibrio político nacional en Inglaterra.
- Con el crecimiento de las ciudades y el aumento del intercambio comercial en diversas partes de Europa, para el final de la Edad Media y comienzos del Renacimiento, surge la burguesía formada por comerciantes e industriales.
- Al principio la burguesía exigía derechos a la nobleza, en forma parecida a como lo hicieron los plebeyos capidiminuídos de la antigua Roma frente a los patricios.

- La intransigencia contra moros y hebreos en España se vale de *la inquisición* como brazo de la política del Estado. La persecución de las ideas... perjudicaron el avance científico y limitaría incluso la evolución institucional de la Iglesia.

- Entre los valores culturales de carácter feudal que España traslada a Hispanoamérica se encuentra el prejuicio contra el *trabajo manual* y contra la *ganancia pecuniaria.* Igual sucedía contra la *usura,* que se extendía a cualesquiera intereses devengados por financiamientos y préstamos...

- En América, la corona española adjudica a los conquistadores la responsabilidad sobre los habitantes de grandes extensiones territoriales, con criterio parecido al usado por el señor feudal con su vasallo.

- Los indios americanos estaban acostumbrados, aun en las mayores civilizaciones autóctonas, a los gobiernos teocráticos.

- En Norteamérica la *colonización* precedería a la *conquista,* sobre todo del Centro, Medio Oeste y Oeste. Al momento de la Independencia, la colonización no había pasado todavía la barrera natural representada por las más bajas montañas de los Apalaches, cercanas al Océano Atlántico, y muy distantes de las más altas montañas cerca del Pacífico.

- El mismo año (1620) del desembarco del *Mayflower* en lo que vendría a ser Nueva Inglaterra, *Francis Bacon* publica en Latín su obra "Instauratio Magna". En ella se formula un novedoso método científico (contrario a la Escolástica tradicional) basado en la observación, más que en la deducción.

- Entre las críticas desaprobatorias frecuentes que formulaban los criollos a la política colonial de España se encuentran: La decadencia económica estructural de España, la pésima administración de la hacienda pública y la corrupción; el aumento del contrabando y la designación de sólo peninsulares para los altos cargos administrativos.

- Lo anterior explica que, a la hora de la Independencia en el Sur de América, los objetivos básicos no resultaron ser sorpresa para nadie: libertad de comercio, gobierno propio y representativo y la búsqueda de la ilustración.

XIV. Los Estados Unidos del Norte y Los Des-unidos del Sur (Paralelismo Histórico y Lecciones en Teoría Política) – Continuación.

Permítaseme continuar con el listado de solamente algunas de las muchas conclusiones con las cuales puse final a mi libro del mismo nombre.

Copio a continuación textualmente las que siguen:

- El Acta Solemne de Independencia de Venezuela, del 5 de julio de 1811, se refiere a "la voz pasiva de los Ayuntamientos, degradados por el despotismo de los Gobernadores". Es decir, el Acta se lamenta de la falta de gobierno local, precisamente debido al amplio poder político de los Gobernadores.

- Se pospondrá para época más civilizada políticamente, la realización del ideal de Miranda, Bolívar y San Martín, de una Hispanoamérica unida política y económicamente. Esto, evidentemente, de cara a un futuro cuajado de promesas y bonanza.

- Mientras éste era el panorama en el Sur, Norteamérica unida, al mismo tiempo se transformaba de sociedad rural a *primera potencia industrial.*

- España nos había legado, eso sí, una efectiva y significativa unidad espiritual fundamentada en el idioma, la religión y la cultura.

- Aún después de erradicada definitivamente la esclavitud, quedó entre nosotros el problema de un *campesinado* irredento y el todavía más precario de *grandes masas indígenas*. Nos referimos a un indígena digno de mejor suerte y a un campesinado con poca tierra, y por añadidura la menos fértil, con poca productividad y menos comercialización...

- ...tampoco se desarrolla (sino limitada y con tímidos proyectos) *una industria* ni una *producción agropecuaria tecnificada y eficaz.*

- Hijos del absolutismo, hemos vivido por demasiado tiempo entre la represión y el paternalismo. Por lo demás, en Iberoamérica excederíamos a España en corrupción e ineficiencia administrativas.

- El nacionalismo xenófobo y la excusa de atacar a otros pueblos como culpables de *nuestros males endémicos,* nos impiden ver con claridad nuestras deficiencias y cómo superarlas.

- Con el incremento de la producción en cadena y técnicas propias de empaque y conservación en el norte de América, se desarrollarían también, extensivamente, las ventas y la publicidad.

- En fin, surgiría la "afluent society" o la cultura opulenta. Esto es, la sociedad de consumo de vestido, comida, "confort" hogareño, pero también la exponente de oportunidades económicas y culturales múltiples.

- Las reformas fiscales, agrarias y administrativas necesarias, que se trataban de implementar desde afuera, eran vistas con frecuencia en nuestros países como resabios intervencionistas en asuntos internos.

Nota: Hasta aquí la reproducción de algunas de las múltiples conclusiones de mi libro *Los Estados Unidos del Norte y Los Des-unidos del Sur.* Para quienes desconozcan esas realidades, resulta imposible comprender nuestro relativo y prolongado subdesarrollo, tanto político como económico.

¿Y qué podemos agregar con respecto a nuestra falta de un Estado de Derecho, *más de Leyes que de Hombres,* tal como se proyecta desde la Colonia con la repetitiva afirmación "se acata pero no se cumple"?

Termino este testimonio con las siguientes reflexiones sobre el fenómeno político que hemos visto desarrollarse en Hispanoamérica desde 1959, con el propósito de la Revolución Cubana de transformar Los Andes en *La Sierra Maestra* del Continente; y en especial a partir de 1999, por la llamada Revolución Bolivariana y su intervención en la política de otros Estados, sustentada en multimillonarios "préstamos" a base de petrodólares, pero sin control fiscal que merezca ese nombre.

El endémico subdesarrollo político, económico y científico del área, ha llevado a algunos líderes y académicos no solamente a procurar reformas constitucionales de corte totalitario, sino a abrazar un activismo antidemocrático como supuesta fórmula para combatir la tradicional corrupción.

El problema que esto conlleva, es que al eliminar todo vestigio de *frenos y contrapesos* basados en la división de los Poderes del Estado, el orden que pueda llegar a establecerse inicialmente, pronto se torna en mayor absolutismo y corrupción que la antes conocida.

A esto resulta necesario agregar el control de los medios de comunicación, el irrespeto a los Derechos Humanos, la persecución y el exilio de opositores políticos; y gobiernos a base de *Decretos Ejecutivos,* así como el propósito de perpetuarse indefinidamente en el poder. ¡Tal vez cincuenta y cinco (55) años o más, al estilo de los hermanos Castro! ¿Y por qué menos?

Téngase en cuenta que al gobernar a base de Decretos, se está eliminando la función primordial del Organo Legislativo, el reflejo más directo de la voluntad del electorado y de *los ciudadanos* en general.

Más enervante resulta culpar todavía a otros países por nuestros males endémicos. ¡Incluidos los que empezaron su período colonial cien (100) años después que nosotros!

XV. Preguntas a los Aspirantes a la Presidencia

En cualquier país de nuestra América Latina, al día siguiente de una elección nacional, el Candidato que resulte favorecido por el electorado (para no referirnos a los desafortunados casos de fraude electoral) se preguntará si realmente tiene más amigos de los que jamás imaginó. No obstante, se contagiará naturalmente de la divertida alegría, digna de semejante ocasión.

Sin embargo, la euforia placentera-pasajera de la diversión y el efecto de la champaña y el boato, a menos que se trate de una relección, muy pronto darán paso a una seria preocupación: ¡De ahora en adelante, se me criticará y responsabilizará por todo lo que no funcione debidamente en el país! Peor aún, habrá numerosas personas, de buena o mala fe, cuya tarea principal consistirá en agrandar cualquier falta, acción u omisión no solamente de mi parte, sino de todo el equipo de gobierno que represento.

El nuevo Ciudadano Presidente, si se mirase en el espejo de su conciencia, se dirá a sí mismo: Son en verdad tantas las materias que desconozco, a pesar del tono de trompeta o tambor con que se han tratado los problemas nacionales durante la campaña política.

Además, fuera del estrecho marco de mi especialidad, me cuesta encontrar colaboradores inmediatos idóneos que no se sientan autosuficientes simplemente por su contribución al triunfo electoral reciente. Estos, a su vez, deberán ser auténticos conocedores de sus materias, pero tampoco super-especialistas "incultos", que han alcanzado el nivel preocupante en que se sabe más y más, pero acerca de menos y menos.

Definitivamente, será prudente solicitar candidatos a los gremios mejor organizados de la sociedad civil. Después de todo, como queda sugerido, ¿no es mucho más lo que ignoramos que lo que sabemos? Estos candidatos compartirán la confianza en que los mejores días para el país están por delante, pero solamente si somos capaces de una política nacional, a corto y largo plazo, con verdadera altura de miras.

Si bien la lucha generacional en nuestros países, desde su creación como Estados independientes, ha traído frustraciones y desengaños a lo largo de nuestra vida republicana, ¿creerán realmente estos candidatos que su respectivo país siempre ha contado con los ingredientes necesarios para transformarse y agigantarse, aunque se trate de un país geográficamente pequeño?

¿Es realmente factible que la explotación de los recursos pesqueros en Noruega (para no referirnos a las cuantiosas reservas que le ha permitido la explotación del petróleo en el Mar del Norte y debería permitir la operación del Canal Interoceánico en Panamá), o la dependencia de la agroindustria en Dinamarca, o la fabricación de medicamentos en Suiza, pueden servir de modelo viable para nuestros países?

¿Comprenderán incluso, mayoritariamente, los gremios de la sociedad civil, que los beneficios de las ventajas comparativas en cada región pueden y deben impulsar el desarrollo armónico de la Nación, como un todo?

O, desde otro ángulo, ¿podrán ofrecerse incentivos fiscales y de otra naturaleza a las empresas que establezcan Fundaciones para ayudar a estudiantes esforzados a cursar carreras universitarias?

¿Será preferible obtener la colaboración de tecnócratas o preferentemente líderes políticos al nivel del Gabinete Ministerial? ¿Cómo convencer a los mejores profesionales para que abandonen temporalmente sus lucrativas prácticas privadas y hasta se sacrifiquen económicamente en beneficio del país? ¿Existirán incluso aquellos temerosos de que cada decisión que tomen, en conflictos confrontando inevitables intereses opuestos, les signifique un nuevo enemigo que ahora no tienen?

Sin violentas revoluciones ni seudo-revoluciones, que por definición aspiran a cambiarlo todo, ¿será la más lenta evolución de nuestras instituciones democráticas el verdadero camino que se deba seguir? ¿Estamos dispuestos a poner de lado el funcionamiento más complejo de la democracia, para remplazarla por una modalidad de centralismo autocrático? ¿O acaso, adoptaremos la diferente definición de revolución originalmente utilizada por Copérnico (*"De revolutionibus orbitum celestium"*) cuando re refirió a la rotación irreversible de los cuerpos celestes en el firmamento?

Nota: Resultaría conveniente, a esas empresas que establezcan Fundaciones, contar con estudiantes selectos, a quienes se les pagaría por sus servicios de tiempo parcial, mientras completan sus estudios. Es incluso evidente que, después de graduados, un porcentaje de ellos continuaría vinculado en diversas formas a las empresas patrocinadoras de tales programas.

XVI. Carta Abierta al Ingeniero Mohammed Morsi, entonces Presidente de Egipto.

Dedicada a la memoria de quien fuera mi dilecto amigo, el Dr.-Rabino Heszel Klepfisz.

Antes que pueda deshojarse en medio de la pasión política esa bella flor de la democracia representada por su histórica elección reconocida el Domingo 24 de junio del presente año 2012, permítaseme las siguientes reflexiones:

A pesar de que la democracia es mucho más que elecciones, cuando sus resultados son escrutados correctamente como parece el presente caso, ellas constituyen el reflejo de una de las bases fundamentales de este sistema superior de gobierno, puesto que confirman que el poder político radica en el pueblo y que los gobernantes son solamente sus delegados.

Como Ud. está plenamente consciente, ahora se inicia una etapa muy reciente en el mundo árabe, y única dentro de los siete mil años de experiencia política en Egipto.

Para los optimistas, con el respaldo popular reiterado en la ahora mundialmente famosa Plaza Tahir, y dando por descontada su capacidad organizativa y profesional, vendrá inmediatamente la indispensable negociación con la misma cúpula militar que ha venido gobernando el país en las últimas décadas. Sólo así se podrá encontrar una fórmula realista, adecuada y progresista de cara al futuro. Para estos optimistas, el porvenir está de su lado y, más tarde o más temprano, todo el mundo musulmán caminará hacia un futuro político que remplace incluso la confrontación histórica entre Sunnies y Shiitas.

Para los pesimistas, por otro lado, el brazo político de la Hermandad Musulmana confrontará no solamente la inercia de los lideres militares que han continuado detentando el poder después de la caída del ex-Presidente Mubarak. También existirá la reserva mental natural de los grupos no islámicos, entre ellos el 10% estimado de la población Cristiana. Igual puede anticiparse con respecto a sectores femeninos preocupados con la posición tradicionalmente hostil de algunos líderes y "salafistas" religiosos musulmanes, un sector importante de la juventud egipcia que dio lugar en forma simultánea a la llamada "Revolución Arabe" en varios países de la región, al igual que aquéllos que piensan que se desconocerán los acuerdos de paz suscritos con Israel.

Para quienes no somos musulmanes, resulta difícilmente comprensible la violencia entre Sunnies y Shiitas, por ejemplo, muchas veces ayudados financieramente por Irán, de una parte y Saudi Arabia por la otra. Estos se atacan mutuamente y con fanatismo digno de mejor causa, en el presente siglo XXI, incluso mientras auténticamente practican la misma fe religiosa y oran en mezquitas con base en el mismo Corán.

Asimismo, los no musulmanes podemos reconocer lo expresado por el erudito Hicham Ben Abdallah El Elaoui, cuando en artículo publicado en enero del año pasado por la revista Journal of Democracy, expresaba que "En verdad, un aspecto de la grandeza del Islam ha sido su habilidad para absorber y desarrollar las grandes tradiciones de la literatura y la filosofía clásicas. No se trataba de quemar libros, sino más bien de construir bibliotecas y preservarlas".

Tal vez por ello mismo, durante la España musulmana del siglo X, alrededor de la ciudad de Córdoba, pudo alcanzarse una cultura superior al resto de la Europa de la época. Eran también los días cuando en el siglo XIII, Alfonso X "El Sabio", también llamado el Rey de Tres Religiones (Cristianos, Musulmanes y Hebreos) invitaba a sabios de todo el Mediterráneo, quienes aportaban sus conocimientos sin impedimento religioso alguno. Tal pareciera como si, en España, Alfonso X se hubiese anticipado en cinco siglos a Federico II "El Grande" cuando expresó en Prusia que "a cada quien debe permitírsele ir al cielo por su propio camino".

Con todo respeto, sometemos a su consideración las diecisiete ideas expuestas en el Epílogo de nuestro libro *La Democracia Enjuiciada: Alegato de la Defensa (Evolución Progresiva o Revolución)*, ninguna de las cuales se opone a los fundamentos de la cultura Islámica.

Entre esas ideas y posibles iniciativas se encuentran: Partidas preferenciales en el Presupuesto Nacional para educación y entrenamiento; educación básica adecuada, gratuita y obligatoria tanto para niños como para niñas; garantías mínimas de salud pública y privada; Organo Judicial con Jueces independientes, estrictamente seleccionados y bien pagados; la designación originalmente escandinava del "Ombudsmen" o funcionarios para atender quejas de los ciudadanos, con oficinas bien dotadas para la investigación de abusos por parte de los funcionarios y representantes del gobierno; número limitado de Partidos Políticos, para garantizar una verdadera oposición dentro del Organo Legislativo; academias militares y/o policiales verdaderamente profesionales y apolíticas, para evitar la tentación de las dictaduras militares entre la oficialidad; aprobación de dos tercios del Organo Legislativo u otro criterio restrictivo para Contratos con la Nación; posible creación de empresas mixtas de interés público, con participación del Estado, pero con la administración en manos de los representantes de empresas privadas; excepción de impuestos para estimular la creación de bibliotecas modernas, museos, laboratorios y actividades artísticas y deportivas.

Sin intención de agotar un tema permanente, incluso en los países del llamado Primer Mundo, los ejemplos anteriores bien pueden servir de base para el diseño de políticas a corto y largo plazo.

Dr. Ricardo Lasso Guevara.

25 de junio de 2012.

Nota: Esta Carta fue entregada a la Embajada de Egipto en la Ciudad de Washington, pero no estoy seguro de si llegó a su destinatario, el Ing. Morsi, en medio de los conflictos que siguieron a su elección. Al producirse su derrocamiento, un año después, publicamos en varios periódicos una segunda Carta en la cual nos referimos a la confrontación de la Hermandad Musulmana con otros grupos políticos minoritarios que, después de una significativa movilización centrada en la misma Plaza Tahir, lograron el derrocamiento del Ing. Morsi y la persecución violenta de sus seguidores, con la intervención decisiva del ejército.

XVII. De la Bahía de Chesapeake en el Atlántico a las Salinas de Aguadulce en el Océano Pacífico de Panamá.

En la Costa Este de la desarrollada Bahía de Chesapeake, frente a la interesante ciudad de Annapolis, en el Estado de Maryland, existe una extensa zona de pantanos, aparentemente improductivos. Esta es parte del once por ciento del territorio de los Estados Unidos que originalmente se inundaba, pero que actualmente se ha reducido al cinco por ciento de ese territorio, gracias a dragados y rellenos.

Y aquí comienzan mis disquisiciones: ¿Es esta realidad tan palpable para todo el que quiera verla, producto del esfuerzo de sus ciudadanos? ¿Se trata de quienes hicieron crecer "hacia adentro" el país desde sus muy modestos orígenes o, en cambio, se trata más que nada del reflejo de su explotación de otros pueblos?

¡Esto nos recuerda a Holanda, que gracias a políticas y esfuerzos similares con sus diques frente al Atlántico Norte, logra hoy el pleno desarrollo de la mitad de su territorio que se encuentra bajo el nivel del mar! Ni en América ni en Europa se realizaron esos trabajos por gigantes, ni cíclopes, ni esclavos provenientes de otros territorios conquistados por las armas, sino por hombres convencidos, al igual que sus "primos culturales" ingleses tanto en Holanda como en América, de que el trabajo duro los acercaba a Dios.

Las todavía muy extensas zonas cenagosas siguen sirviendo de escala y descanso a los millones de mariposas que viajan anualmente desde el Estado de Maine (más al Norte que Toronto y otras importantes ciudades canadienses) hasta México. Tal es igualmente la escala de los enormes y famosos patos canadienses que el crudo Invierno empuja hacia el Sur, y devuelve en el Verano hacia sus desovaderos en las distantes latitudes del Norte.

Por otra parte, estas amplias regiones sirven como pulmones purificadores del aire en toda el área, además de defensa natural contra inundaciones provenientes tanto del mar como de intensas lluvias. Y ¿qué decir de las zonas de cultivo que siguen ampliándose en sus proximidades? ¿O de Oxford (Maryland) y otras tan pequeñas como bellísimas poblaciones reconocidas desde el mismo inicio por las autoridades coloniales?

Pero volviendo a la acción del hombre sobre la naturaleza inicialmente virgen, desde los inicios de la colonia en el Siglo XVII, encontramos el desarrollo de un activo comercio. El mismo estuvo representado en un comienzo por la importación de miel, ron, naranjas y otros productos "exóticos" y la contrapartida de la exportación de cereales, productos de madera, ladrillos para la construcción, tabaco, ganado y finas pieles de animales salvajes. Se ha dicho, en broma, que estas pieles frecuentemente encontraban el camino que las llevaba hasta los talleres de "los modistos de París, que se reúnen con el Diablo a la hora de diseñar sus exclusivas modas femeninas".

La pesca en la zona resultó siempre actividad significativa para sus moradores, y hasta la construcción de barcos encontró apropiado asiento. Igual que ha sido siempre el caso en la metrópolis británica. Hoy son, además, famosos en todo el país sus cangrejos. Por cierto que, tal como sucede frecuentemente entre los humanos, cuando alguno de los cangrejos trata de escalar en un barril, los demás los halan hacia abajo para impedir que escalen.

Pero, como indica el título de esta reflexión, saltemos miles de millas hasta las amplias costas del Océano Pacífico y las Salinas de Aguadulce en la Provincia panameña de Coclé. Allí me correspondió ayudar a establecerse una empresa internacional gigante que exportó sus camarones, criados en estanques, hasta Europa, los Estados Unidos y Canadá... sin descabezar... para mayor adorno en platos presentados con exquisitez en exclusivos restaurantes y hoteles.

Incluso antes, habíamos sido igualmente abogados y asesorado desde el principio a un exitoso propietario de una moderna flota de barcos que "rastreaba" los magníficos y abundantes langostinos proverbiales en nuestro litoral Pacífico. Este experto inmigrante, original de Portugal, llegó a ser luego propietario también de una pequeña flotilla de barcos atuneros, recién construidos y con pequeños helicópteros a bordo para mejor ubicar los cardúmenes de atún. Todo, según las instrucciones específicas de este experto y exitoso naviero.

¿Cuándo podremos descubrir que, en vez de atravesar el Canal con su valiosa carga, algunos barcos atuneros podrían entregar y procesar su pesca en instalaciones todavía inexistentes en la costa del Océano Pacífico del Istmo? Ello resultaría, por lo demás, no solamente significativamente atractivo desde el punto de vista económico para nuestro país, sino también para los propietarios de esas embarcaciones.

¿Podrá ser el suscrito Tratado de Libre Comercio el instrumento jurídico adecuado para estos armadores que no tendrían que absorber el costo que implica recorrer el largo tramo adicional de navegación hasta puertos y fábricas de enlatados en la costa atlántica de los Estados Unidos?

Nota: Este artículo está dedicado a mis meritorias sobrinas Anayansi Lasso, doctora en medicina, y Marixa Lasso, Ph.D. en Historia. Ambas han venido laborando recientemente en prestigiosas universidades norteamericanas, en Maryland y Ohio.

XVIII. 1% vs 99% (¿Político, Económico o Religioso?)

Aparentemente fue un economista italiano quien, en el Siglo XIX, consideró apropiado dividir la sociedad entre un 20% que genera, activamente, la producción, y el otro 80% que participa, minoritariamente, en el desarrollo de la economía.

También en la Europa del Renacimiento se llegó a dividir la población entre aquéllos que tenían empleados a quienes dirigir, y quienes no. Al respecto, nos ha llamado incluso la atención un fenómeno cultural comparativo. Nos referimos a que justamente durante este mismo período de enérgico resurgimiento en Europa, tras los siglos que representaron la Edad Media, la antigua e impresionante cultura china pareció estancarse en su evolución.

Entre las explicaciones dadas a este respecto, se sostiene que en esa China capaz de producir inventos como la brújula, el papel y exquisiteces artísticas de lo más diversas, sus jóvenes más brillantes y prometedores tenían como máxima aspiración formar parte del andamiaje burocrático imperial. Dicho aparato burocrático tenía por cúspide la pléyade de servidores del propio Emperador.

Esta circunstancia invita a la reflexión a quienes ven la libertad política como el antecedente natural de la libertad económica y hasta el reverso de una misma moneda. Para éstos, a su vez, la libertad económica representa la plataforma de lanzamiento hacia un ilimitado crecimiento no sólo económico sino cultural y científico.

Más todavía, al garantizar las oportunidades de desarrollo y superación individual, el principal problema deja de ser cómo lograr la *creación* de riqueza, para transformarse en la búsqueda de la fórmula ideal que permita una mayor *distribución* de la misma.

Cabe preguntarnos qué hubiese ocurrido en Panamá si en 1903, al comienzo de la República, la política económica hubiese hecho énfasis, sobre todo, en la *distribución* de la riqueza existente. ¿Acaso hemos olvidado las condiciones de vida entonces existentes incluso en la Ciudad Capital?

Ello no significa, por supuesto, que debe abandonarse la búsqueda de un desenvolvimiento económico equitativo, sin frenar la iniciativa de los particulares. Ello es cierto para los Estados Unidos de América y Canadá, al igual que América Latina, después de los impresionantes avances tecnológicos de la denominada "American Century", como ha sido llamo el Siglo XX. ¿Es acaso igual la situación en Europa toda, la del Norte escandinavo y el Sur mediterráneo? ¿La del Este y la del Oeste?

Ante todo, a los que creen en el *despotismo centralista* como la inescapable fórmula económica del futuro, yo preguntaría si han vivido bajo una dictadura, pues esa experiencia ayuda a darnos la mejor respuesta. A los que no han vivido bajo el "centralismo despótico", pero inclinados simplemente a disquisiciones teóricas, les aseguramos que su espíritu crítico les impediría respirar el aire enrarecido de tales regímenes.

En lo personal, comparto totalmente la afirmación de Churchill, repetida en este ensayo, de que "La Democracia es la peor forma de gobierno, si exceptuamos todas las otras formas que se han intentado de tiempo en tiempo".

En efecto, bajo la democracia político-económica desarrollada por Occidente, la simple libertad de prensa constituye un control a la tendencia a la corrupción y al enriquecimiento ilícito por quienes ejercen el Poder. Por ello hablamos, apropiadamente, de El Cuarto Poder del Estado.

Por otra parte, como las "malas noticias" parecen de mayor interés para el masoquismo del público, puede llegarse a la conclusión de que "nada positivo ocurriese bajo el Sol". ¡No obstante, resulta precisamente todo lo contrario! Bien se ha dicho que los periódicos resultarían muy gruesos para poder bosquejar siquiera el avance constructivo que a diario sucede en el mundo, producto de la emprendedora iniciativa de los seres humanos.

¿Y qué decir de la afirmación de Disraeli de que "ningún gobierno puede estar seguro si no cuenta con una formidable oposición", como eventualmente proclamó la Cámara de los Comunes en el Siglo XIX? ¿Acaso es necesario repetir "la película" de las Alemanias del Este y del Oeste en la segunda mitad del siglo XX?

Por cierto que esa frontera "segura y sellada" de que hacía gala Alemania del Este, nos recuerda la frontera similar a que aspiran algunos

Congresistas norteamericanos, entre México y USA, *antes de aprobar una comprensiva e impostergable reforma inmigratoria.*

Pero, volviendo a la Democracia, precisa tener presente que sin los controles institucionales internos y la mayor participación de los propios fieles, hasta el Papado puede verse confrontado con una división interna como la planteada por Lutero y Calvino durante La Reforma.

Por todo lo anterior, pensamos que lo que realmente se requiere es implementar el sistema político que garantice algo más que los *asesinatos y las desapariciones forzadas.* Un sistema que permita las mayores oportunidades de superación al ciudadano que desea desarrollar sus iniciativas, como miembro de lo que la Constitución norteamericana y su mejor Presidente han llamado "We the People" (Nosotros el pueblo) y "el gobierno del pueblo, por el pueblo y para el pueblo".

XIX. Carta Abierta: La Segunda Enmienda a la Constitución norteamericana y "El derecho a portar armas"

Desde mi llegada a este gran país-continente como refugiado político, me ha llamado la atención la interpretación parcial y limitada de la Segunda Enmienda Constitucional. En efecto, únicamente la segunda parte de esta importante disposición parece conocida por muchos ciudadanos.

Esto no deja de resultar extraño en uno de los países con más altos índices de escolaridad desde la época colonial, cuando los inmigrantes Puritanos en Nueva Inglaterra insistieron en mantener una educación obligatoria y gratuita. Cabe recordarse que, dada la importancia de la educación pública, el gobierno local se aseguraba de que los padres no evitasen enviar los hijos a la escuela, en lugar de retenerlos en las pequeñas y medianas fincas, operadas, familiarmente, y casi siempre sin empleados extras.

A mi juicio, la perspectiva histórica es igualmente necesaria para interpretar La Segunda Enmienda de la Constitución ("Second Amendment"), aprobada en diciembre de 1791, pero prometida de antemano a los ciudadanos de los diferentes 13 recientemente creados nuevos Estados, antes Colonias. En verdad, los votantes se mostraron renuentes a aprobar la Constitución, porque ellos temían el otorgamiento de "mucho poder" en manos del Gobierno Federal, y en detrimento de los Gobiernos de los diferentes Estados.

Ya durante la ratificación de la Constitución en 1789, se había llegado a expresar preocupación por la posibilidad de que "el Congreso disolviese las Milicias Estatales y creara (como en efecto ocurrió después) un Ejército Nacional que constituiría una amenaza intolerable para la soberanía de los diferentes Estados".

Me parece particularmente relevante, además, tener en cuenta que el Ejército (Continental Army) creado originalmente en 1775, había sido disuelto en 1781, después de la Batalla de Yorktown, al final de la lucha por la Independencia. Fue en tales circunstancias cuando "Una bien regulada Milicia" ("A well regulated Militia") resultó y fue declarada necesaria para la seguridad del nuevo y federado "Estado libre".

Por estas razones, la Segunda Enmienda aprobada por el Congreso establece textualmente lo siguiente: "Siendo necesaria una bien reglamentada Milicia para la seguridad de un Estado libre, el derecho de las personas a poseer y mantener armas no debe ser violado".

Un ejército completo vino a existir posteriormente, pero es en el contexto de las Milicias Locales que "el derecho" a poseer y mantener armas resultó además "una obligación" y hasta un "impuesto".

No se daban excepciones en cuanto a que el ciudadano-soldado obtuviese su "buen mosquete". Durante muchos años, ni el gobierno estatal ni el federal estuvieron preparados para aceptar y asumir el costo significativo que representaba proveer esos mosquetes, municiones y uniformes a todos los ciudadanos, ni el costo aún mayor de mantener un ejército.

De manera que el supuesto derecho individual a poseer y mantener armas, sin limitación ni reglamentación, no es lo que la Corte Suprema declaró en el fallo correspondiente al caso del *Distrito de Columbia vs Heller,* el 26 de junio de 2008. Por ello, siento que yo debo, entre otros a mis tres hijos, el derecho a expresar mi opinión sobre éste tan debatido tema.

Lo que los Magistrados de la Corte Suprema consideraron una violación a la Constitución fue la previa prohibición general que había decretado el Distrito de Columbia a poseer armas, o la exigencia de tener las mismas *desarmadas o controladas por un dispositivo que impidiese dispararlas.*

Resulta ilustrativo y revelador que esta misma decisión del 2008 contempla diversas reglamentaciones referentes a usos tales como armas escondidas ("concealed weapons"), el derecho de criminales e incapacitados mentales, la posesión de armas en ciertos locales, la venta comercial y el tratamiento de armas poco comunes y peligrosas. En otras palabras, existe amplitud para una razonable y necesaria reglamentación con respecto al uso de armas por parte de los civiles.

Por otra parte, existieron cuatro Magistrados que salvaron su voto (dissenting opinions) con respecto a este fallo del 2008. Al Magistrado Stevens se unieron los Magistrados Souter, Ginsburg y Beyer, quienes al examinar la evidencia histórica para comprender el significado de la Segunda Enmienda, concluyeron que esta reforma protege "intereses relacionados con la milicia", como se sostiene en este análisis.

Dar la espalda a la Historia no es posible para la única Super Potencia del Siglo XXI y a partir del final de la Guerra Fría, en un mundo cada vez más globalizado y unido por nuevas tecnologías, por la comunicación instantánea y el comercio. Este tema es demasiado importante para todas las personas que viven bajo la gran tradición de lo que Jefferson llamó en 1774 "un sistema de leyes que por tanto tiempo ha sido la gloria y protección" de un país.

Ricardo Lasso, abogado panameño, 10 de enero de 2013.

Nota: *Este análisis fue enviado a la Casa Blanca en el siguiente mes de febrero,* firmado, como queda dicho, por un "abogado panameño", y *como parte de la campaña promovida por el Presidente Obama y coordinada por el Vicepresidente Joseph Biden. El día 5 de marzo de 2013 el Vicepresidente Biden me envió una carta especial de agradecimiento por los conceptos aquí expresados.*

XX. *Las Venas Abiertas de América Latina* por Eduardo Galeano (edición revisada y corregida en 2003, Catálogos S.R.L., Buenos Aires)

A continuación, comentarios con los cuales estoy **de acuerdo,** con indicación de la página en que aparecen:

P. 79 – Galeano se hace eco de una cita de Celso Furtado al expresar que Inglaterra "seguía una política clarividente en material de desarrollo industrial". Más aún, podemos y debemos agregar que ese desarrollo industrial se basaba en la investigación científico-tecnológica, la introducción del maquinismo y una expansiva organización y operación de las sociedades por acciones.

P. 111 – Luego de criticar la política colonial inglesa en el Caribe, afirma: "Muy diferente era la situación de Nueva Inglaterra, y ello facilitó su desarrollo económico y, también, su independencia política." Es decir, ese desarrollo politico-económico, en los Estados Unidos, no se apoyó en el sub-desarrollo de Iberoamérica ni de otra región del planeta.

P. 156 – En 1971, cuando se publica por primera vez *Las Venas Abiertas*, el campo uruguayo reflejaba "atraso en los métodos de producción". "Los rendimientos de trigo por hectárea son tres veces menores que los de Francia, y en el maíz, los rendimientos de los Estados Unidos superan en siete veces a los de Uruguay."

P. 166 – En otra cita hecha por Galeano (de Paul Bairoch), con la cual estoy igualmente de acuerdo, se afirma: "...la debilidad principal de la economía del Tercer Mundo [obedece] al hecho de que su productividad agrícola media sólo alcance a la mitad del nivel alcanzado, en vísperas de la revolución industrial, por los países hoy desarrollados".

P. 168 – Galeano critica la reforma agraria llevada a cabo en Ecuador en 1964 porque "sólo distribuyó tierras improductivas..." Al respecto, conviene también recordar que algo parecido ocurrió poco después en Panamá, donde tampoco se distribuyeron mejores tierras, utilizadas ya por sus propietarios. A pesar de las metas propuestas, se distribuyeron "tierras improductivas", y las mismas se adjudicaron a personas que no tenían adecuada tradición agrícola, ni usaban abonos, como los chinos desde hace 3,000 años, así como tampoco utilizaban el arado conocido por los egipcios desde una época parecida.

P. 171 – "La Ley Lincoln de 1862, el Homestead Act, aseguraba a cada familia la propiedad de lotes de 65 hectáreas. Cada beneficiario se comprometía a cultivar su parcela por un período no menor de cinco años." Esto me hace recordar el caso de Holanda con la distribución de nuevas tierras ganadas al mar, tras la construcción de nuevos diques. Primero, *contratos de arrendamiento con opción de compra* solamente, hasta comprobar el debido uso de los nuevos terrenos, cuando se procede a la venta definitiva.

<u>P. 172</u> – "En realidad, al norte y al sur [de América] se habían generado, ya en la matriz colonial, sociedades muy poco parecidas y al servicio de fines que no eran los mismos. Los peregrinos del *Mayflower* no atravesaron el mar para conquistar tesoros...sino para establecerse con sus familias y producir...no venían a conquistar, sino a colonizar...en Estados Unidos el centro de gravedad estuvo desde el principio radicado en las granjas y los talleres de Nueva Inglaterra..." *¿No está precisamente aquí la explicación de que no fue la explotación de Sur América por Norte América, ni ninguna vena abierta por los segundos, lo que explica los resultados políticos y económicos tan diferentes?*

P. 176 – En los Estados Unidos: "los laboratorios científicos del gobierno, de las universidades y de las grandes corporaciones averguenzan a la imaginación con el ritmo febril de sus invenciones y sus descubrimientos..." *¿Es necesario agregar siquiera un párrafo más?*

P. 225 – "La máquina de vapor, el telar mecánico y el perfeccionamiento de la máquina de tejer habían hecho madurar vertiginosamente la revolución industrial en Inglaterra. Se multiplicaban las fábricas y los bancos; los motores de combustión interna habían modernizado la navegación y muchos grandes buques navegaban hacia los cuatro puntos cardinales universalizando la expansión industrial inglesa."

¡Lo anterior es fundamental para comprender el desarrollo primero de Inglaterra y, después de los Estados Unidos, pero lo más importante es analizar por qué la revolución industrial ocurre primero en Inglaterra que en el resto de Europa!

Para tratar de dar respuesta a esta pregunta (al preparar mi libro *Democracy on Trial (La Democracia Enjuiciada)* he realizado una investigación exhaustiva sobre lo sucedido durante la llamada Edad de la

Razón en Inglaterra, que ha llegado a ser comparada con la Atenas del siglo V AC y el Renacimiento Italiano de los siglos XIV y XV DC.

En efecto, la evolución y progreso ocurrido en Inglaterra, que la transformaría en la primera potencia mundial, produciría en el siglo XVII las trascendentales contribuciones de Francis Bacon con su obra en latín Novum Organum, proponiendo el método inductivo de investigación científica, opuesto a la tradicional deducción y al silogismo.

Es precisamente como parte de la Edad de la Razón que Inglaterra también produce a Isaac Newton, quien transforma las matemáticas como profesor en la Universidad de Cambridge. ¿Y qué decir de **John Locke**, quien después del triunfo del Parlamento liderizado por Oliver Cromwell durante la confrontación con la Corona, a mediados del siglo XVII, es considerado el creador del Constitucionalismo Democrático? "The three greatest men that ever existed, without exception", según escribiera Thomas Jefferson, en carta desde París, justo antes de la Revolución Francesa.

P. 316 – "América Latina ha sido hasta ahora incapaz de crear una tecnología propia para sustentar y defender su propio desarrollo...Esta vasta región...invierte en investigaciones tecnológicas una suma doscientas veces menor que la que los Estados Unidos destinan a esos fines." El subrayado es nuestro.

P. 335 – "...la Gran Colombia se dividió en cinco países y el libertador murió derrotado". Peor aún, podemos agregar que fue Venezuela el primer país en abandonar la unión que se había iniciado con Bolívar como Presidente y Santander (colombiano) como Vice-Presidente. Muchos olvidan que Panamá se une a la Gran Colombia cuando Bolívar era el Presidente.

P. 337 – "Mientras el norte de América crecía, desarrollándose hacia adentro de sus fronteras..." Es decir, con sus propias *venas abiertas*.

P. 350 – En Haití, el país más pobre del hemisferio occidental, "[d]e cada diez haitianos, nueve no saben leer ni escribir". Compárese esto con lo que escribió John Adams en 1765, once años antes de la Independencia de los Estados Unidos: "Un norteamericano que no pueda leer y escribir, es tan raro como un cometa..." ¡No son los Estados Unidos, entonces, los culpables del enorme subdesarrollo de Haití!

A continuación, afirmaciones con los cuales estoy **en desacuerdo,** con indicación de las páginas en que aparecen:

P. 16 – Galeano enfatiza la "estructura de clases" en USA. ¿Cómo aceptó entonces el electorado al Presidente Afroamericano, Barak Obama, y a la Primera Dama descendiente de esclavos? La "estructura de clases" es difícil de aplicar en USA, donde más del noventa (90) % de la población se considera como parte de su gran *Clase Media.* Tal pareciera como si primero hay que inventar la enfermedad para, después, buscarle la cura.

Con estas premisas se inicia un libro que, de otra parte, tiene el mérito de reconocer haberse apoyado en la "colaboración" de veintiún otros autores.

P. 18 – Se predica la violencia para América Latina, a lo Lenin, a quien cita Galeano, repetidamente (páginas 267 y 292). Se hace eco del siguiente pensamiento de Josué de Castro: "…no hay otra solución que la violencia para América Latina". ¡No olvidemos que José Martí afirmaba que existen sólo dos clases de hombres: los que aman y construyen y los que odian y destruyen!

Igual se repiten citas de Marx en las páginas 46, 90 y 234. Idem las repetidas citas a Fidel Castro (páginas 99, 104 y 303), "el joven abogado revolucionario", quien después se mantendría por más de 55 años en el poder, aunque últimamente tuviera, por razones de salud, la necesidad de compartir el mando supremo con su hermano algo menor, Raúl Castro.

Si a las citas anteriores podemos agregar las de Engels y del Che Guevara (páginas 58, 97 y 106), para no hablar de Hegel (páginas 62 y 172), a quien Marx admiró en su juventud. Se comprende, entonces, por qué el título de este libro pudiese haber sido *Las Venas Abiertas del Marxismo y la Violencia en América Latina.*

P. 43 – "Carlos V había aplastado a la burguesía castellana en la Guerra de los Comuneros, que se había convertido en una revolución social contra la nobleza, sus propiedades y sus privilegios". En realidad, se trató más que nada de una reacción simplemente nacionalista a la llegada de Carlos V con su corte de caballeros flamencos, que ni siquiera hablaban Castellano.

P. 79 – "Sin esta tremenda acumulación de reservas metálicas [oro brasileño], Inglaterra no hubiera podido enfrentar, posteriormente, a Napoleón." No olvidemos que Napoleón nunca pudo competir con la marina inglesa. Por eso vendió la lejana Luisiana y perdió, junto con las fuerzas navales de España, la Batalla de Trafalgar. Además, Francia se desangró, entre otras, con las guerras emprendidas por Napoleón al invadir a España y Rusia.

P. 105 – Sobre las colas, muy frecuentes en Cuba, "La causa esencial de la escasez es la nueva abundancia de consumidores…" Igualmente, la propaganda soviética afirmaba durante la Guerra Fría que las colas frecuentes en Rusia obedecían a las compras de artículos de lujo…y no de pan.

P. 142 – Se refiere a la "exitosa amputación de tierra a Colombia", cuando la Independencia de Panamá en 1903. Esto es un insulto a los panameños que habían efectuado tres (3) intentos fallidos de independizarse de Colombia en el siglo XIX, al fracasar la Gran Colombia. Este libro de Galeano o Hughes Galeano se hace eco de la falsa leyenda negra que aún persiste en América Latina que ignora que Panamá se independizó sola de España y que nunca ha formado parte geográfica de Colombia. Se unió voluntariamente a la Gran Colombia y al prestigio de su Presidente venezolano, Simón Bolívar. Además, se desconoce lo antes referido en cuanto a que Panamá, posteriormente trató, infructuosamente, de separarse de Colombia en 1830, 1831 y 1840.

P. – 163 – Galiano se lamenta de que en la primera mitad del siglo XX, el nacionalismo mexicano no realizase cabalmente sus objetivos de independencia económica. Bueno, esta falta de independencia económica, sí sucedió en los países satélites de la URSS después de la Segunda Guerra Mundial. Tal como yo pude comprobar personalmente en Hungría, donde se sentía gran odio contra Rusia, considerada por la gran mayoría de la población como explotadora de su país. De allí sus sangrientos levantamientos populares.

P. 167 – "Desde que la Alianza para el Progreso [de Kennedy] proclamó, a los cuatro vientos, la necesidad de la reforma agraria, la oligarquía y la tecnocracia no han cesado de elaborar proyectos." A mi juicio, lo que sí se proclamó, y además con sobrada razón, fue la necesidad de *cuatro reformas*. Entre ellas, la reforma agraria y la reforma fiscal, a las cuales se opusieron desde un principio nuestros países arguyendo que representaban una *intervención en sus asuntos internos*.

P. 240 – Es sorprendente la defensa que hace Galeano de uno de los dictadores más crueles [en 1835] que ha conocido América Latina: Juan Manuel de Rosas en Argentina. El mismo de "mazorca", por más horca, a la oposición.

P. 243 – Igualmente sorprendente es su ataque a Domingo Faustino Sarmiento, considerado el *Padre de la Educación Pública en Argentina*. Ello, luego de implantar, con gran éxito, los sistemas educativos probablemente más avanzados de la época, estudiados especialmente por él en Europa a mediados del Siglo XIX. Galeano se lamenta de que "El ilustre Domingo Faustino Sarmiento y otros escritores liberales vieron en la montonera campesina no más que el símbolo de la barbarie, el atraso y la ignorancia...", debido a su famosa obra *Facundo o Civilización y Barbarie*. Para subsistir, Sarmiento hubo de acogerse antes de la caída de Rosas, al exilio en Chile.

P. 245 – No menos sorprendente es la defensa que hace Galeano del dictador paraguayo Gaspar Rodríguez de Francia (1814-1840), a pesar de calificarlo como "omnipotente" y "paternalista". El mayor problema con el largo paternalismo es que transforma a los "ciudadanos" en eternos menores de edad, sin la menor libertad para pensar.... fuera del catálogo oficial. ¡Prohibido Pensar!

P. 246 – Refiriéndose a la dictadura de Paraguay, y consecuente con su postura ideológica, Galeano elogia "la concentración de los resortes económicos fundamentales en manos del Estado", haciendo una defensa a la filosofía político-económica de la Unión Soviética, antes de su desplome, 20 años después de publicada por primera vez *Las Venas abiertas de América Latina*.

P. 315 – También para Galeano, "...las sociedades *mixtas*... constituyen uno de los pocos orgullos todavía accesibles a la burguesía latinoamericana..." En mi opinión, lo desafortunado es que esas sociedades mixtas no se utilizan tanto como debieran en proyectos conjuntos (*join ventures*) en que participen como accionistas empresas productoras nuestras e importadoras por excelencia de los países consumidores más desarrollados. Incluso, nuevamente a mi juicio, bien podría darse la participación de capital del Estado en empresas mixtas necesarias de utilidad pública, pero, como nos hemos permitido reiterar, con la administración en manos del sector privado, para garantizar su eficiencia y controlar mejor la corrupción como tentación clásica en el ejercicio del poder.

P. 339 - Al comentar siete años después la primera publicación de *Las Venas Abiertas,* Galeano expresa lo siguiente: "Sé que pudo resultar sacrílego que este manual de divulgación hable de economía política en el estilo de una novela..." Esta afirmación sugiere que se propuso escribir novela. Esto se conoce como *Novela Histórica, y* como *Fiction History* en Inglés, es decir, que se novela con fundamental aportación de la imaginación del autor.

Ya a comienzos del Siglo XX, otro escritor uruguayo de excelente prosa, José Enrique Rodó, escribió su muy leída obra *Ariel,* en la cual mostraba gran preocupación por una influencia negativa que estaba ejerciendo, según él, la cultura norteamericana sobre los valores clásicos greco-latinos que era necesario preservar en Hispanoamérica.

En efecto, el uruguayo Rodó ha sido considerado como el máximo exponente de la prosa Modernista, así como el nicaraguense Rubén Darío lo es en el género poético Modernista.

A Rodó le preocupaba el materialismo y los peligros de la especialización en los Estados Unidos, pero desafortunadamente Rodó nunca visitó los Estados Unidos, y los valores del idealismo clásico ya no se daban ni siquiera en Grecia para fines del siglo XIX y comienzos del XX.

XXII. La Democracia Enjuiciada: Alegato de la Defensa (Evolución Progresiva o Revolución)

Solamente en este libro, publicado en Inglés, reproduzco cientos de citas pertinentes al tema de la Democracia, razón por la cual debo limitar en esta ocasión mis propias reflexiones y comentarios.

Permítaseme, pues, a continuación, una síntesis de este libro de casi cuatrocientas páginas. Y, para mayor claridad, conviene preguntarnos ante todo si realmente existió en Europa una evolución política diferente en las Islas Británicas, si se le compara con el resto del Continente.

Tal como indicamos al principio de este libro, cuando Francia procuraba superar el absolutismo, en 1748, Montesquieu escribió lo siguiente: "Es admirable que los conquistadores Anglo-Sajones hayan constituido la mejor forma de gobierno que los hombres puedan imaginar".

Mucho antes, en la Edad Media, el teólogo Bede (672-735), expresaba en su libro *Historia Eclesiástica de Inglaterra,* que "los Anglo-Sajones manejaban su administración, su gobierno y sus leyes en forma diferente".

Como es sabido, el 15 de junio de 1215 la *Carta Magna* consagraría el listado de derechos que el Rey juraba obedecer, pero que él mismo no podía interpretar. La facultad judicial de interpretar la Ley no le correspondía, como insistiría después el Organo Legislativo, que vendría a ser *La Madre de los Parlamentos.*

Es por ello que el Profesor Dunham, de la Universidad de Yale, nos dice acertadamente: "La *Gran Carta* ayudó al desarrollo de dos importantes principios constitucionales: gobierno por acuerdo o contrato, y el Estado de Derecho".

No menos significativo resultaría que, cuando el Rey Henry IV, en 1406, trataba de gobernar con los más altos funcionarios escogidos libremente por él, el Parlamento impuso un estricto control del gasto público al aprobar el presupuesto nacional. Además de que sus principales asesores fueran aprobados por el Organo Legislativo. Es de importancia señalar el doble efecto, tanto económico como político, de este doble control del Parlamento, tendiente a integrar el mejor equipo humano en las altas esferas del Gobierno.

Para algunos historiadores, el largo reinado de Isabel Primera (1558-1603) corresponde a la llamada *Edad de la Razón* en Inglaterra. Período que han llegado a comparar algunos historiadores con el desarrollo cultural logrado en la Atenas del Siglo V AC y durante el Renacimiento italiano en los Siglos XIV y XV.

Poco antes de la *Edad de la Razón*, durante las luchas religiosas que llevaron a La Reforma en extensas zonas del Norte de Europa, Erasmo de Rotterdam (1467-1536) había repudiado La Inquisición, se había declarado enemigo del celibato y llegó a abogar, porque la Iglesia permitiese el divorcio.

Como prolongación de este período especial y poco después de la muerte de Isabel Primera, Francis Bacon publica en Latín en 1620 su magna obra *Novum Organum* con el propósito deliberado de enfatizar la necesidad de la observación y la inducción como método científico en oposición a la tradicional escolástica, basada en la deducción y el silogismo.

¿Su lema? "Buscar información, como las hormigas, unirlo como las arañas y mezclarlo como las abejas para lograr algo mejor". Y, sobre los hombros de Bacon, surgiría Isaac Newton, el científico considerado como el más influyente de todos los tiempos.

Para esta misma época, en 1628, Sir John Eliot publica su *Tratado sobre Política,* en el cual afirma que "los Estados no son creados para sus Reyes, sino que éstos deben estar al servicio de sus Estados." Y agrega, "Si el Rey está por encima de la Ley, se transforma en un tirano que abusa de la libertad." Recordemos que esto se decía en Inglaterra, mientras el absolutismo reinaba en gran parte de Europa.

Por su parte, en 1680, John Locke escribía sus famosos *Tratados de Gobierno* que, un Siglo después, seguiría con fidelidad Thomas Jefferson al redactar la Declaración de Independencia de Los Estados Unidos de América.

Llama la atención el hecho de que en julio de 1774, justamente dos años antes de la Independencia, el propio Jefferson, en carta al Rey, se refería elogiosamente al hecho de que "los Sajones establecieron ese sistema de Leyes que ha sido la gloria y la protección de ese país". Por su parte, Benjamín Franklin, otro de los *"Padres Fundadores de la Nación"* y quién había residido previamente por dieciocho años en Londres, expresara lo siguiente en su famosa autobiografía: "Si se me permitiese, no tendría objeción en volver a vivir la misma vida, de comienzo a fin"

Para Salvador de Madariaga, no es posible ignorar un sistema político en el cual el Organo Legislativo, más allá de dogmas y precondiciones teóricas, debate lo que ha sido cuidadosamente estudiado previamente por sectores especializados del Organo Ejecutivo.

Permítasenos volver al interrogante que dejamos planteado al inicio de este Ensayo, respecto a si realmente existió en Europa una evolución política diferente en Inglaterra, si se le compara con el resto de Europa.

A este tema, precisamente, hemos dedicado los primeros Capítulos de nuestro libro anterior *La Democracia Enjuiciada: Alegato de la Defensa (Evolución Progresiva o Revolución)*.

En ellos nos hemos extendido en las consideraciones hechas por Cornelio Tacitus en el Siglo I D. C., desencantado con la situación política del Imperio Romano, luego de los gobiernos de Calígula y Nerón.

Recordemos que Tacitus recorre la frontera Norte del Imperio entre los años 89 y 93, mucho antes de la emigración Anglo-Sajona a las Islas Británicas a la caída del Imperio en el Siglo V. Sus observaciones y comentarios resultan indispensables para comprender "cómo el poder político residía y permanecía en la comunidad, a diferencia de las Provincias Romanas" (political power located in the folk as antithesis to the pattern of provincial Roman government).

Comparables en importancia resultan sus observaciones sobre los inicios del *Derecho Común* (Common Law), basado en precedentes aplicables al gobernante y en los cuales el precedente más antiguo tiene mayor valor.

No menos significativas son las consideraciones del teólogo inglés Bede (672-735 D.C.) con respecto al desenvolvimiento administrativo y jurídico Anglo-Sajón ya en territorio Inglés.

Igualmente nos permitimos sugerir al lector la lectura que ofrecemos en esta obra, en la cual ampliamos referencias sobre similitudes en prácticas administrativas de los vecinos escandinavos de los germánicos Anglo-Sajones, aún más al Norte y alejados del Mundo Mediterráneo.

XXIII. La Democracia Enjuiciada: Alegato de la Defensa. – Continuación.

En la época justo anterior a las citas de Tomás Jefferson y Benjamín Franklin, pero en el mismo Siglo XVIII, Samuel Pufendorf reconocía lo siguiente: "La mayoría de los jóvenes norteamericanos saben leer...mientras que en España, Portugal e Italia, sólo una sexta parte de la población puede hacerlo...en Alemania, y aún en Francia, no puede hacerlo más de un tercio de sus habitantes; en Polonia, solamente dos hombres en un ciento; y en Rusia ni siquiera uno en doscientos".

Para 1770 ya Boston contaba con cincuenta (50) librerías. Sólo después de la Independencia, esas librerías ofrecerían obras de Diderot, d'Alambert y otros autores de la que pasaría a ser la influyente *Enciclopedia* en Francia. Es de notar, igualmente, que *El Contrato Social* de Rousseau se publicó por primera vez en Norteamérica en 1797 y *El Espíritu de las Leyes* de Montesquieu tuvo su primera edición en 1802; ambas publicaciones, bastante después de la Independencia en 1776.

En Cambridge, Inglaterra, el mismo año de la Independencia en 1776, Richard Hey en su libro sobre *La Naturaleza de la Libertad* manifestaba su "oposición a la tiranía, por un lado y a libertad incontrolada por el otro, ya que la sociedad se afecta con la libertad ilimitada del individuo".

Hasta aquí hemos reproducido citas pertinentes a la evolución política y económica en Inglaterra y Los Estados Unidos. Evolución que, en ambos sentidos, tendería progresivamente a una creciente globalización. De ahora en adelante trataremos citas correspondientes a España y Francia, donde los acontecimientos políticos no corresponden, precisamente, a una sostenida y comparable evolución democrática. Evolución política consecuente, además, con la gran emigración que se produce hacia el Oeste y Sur del continente europeo a partir de la caída del Imperio Romano.

En España, por ejemplo, los ocho siglos de dominación musulmana, no solamente permearían apreciablemente la cultura en general, sino que el resto del Continente llegó a pensar que durante ese período la Península como que se separaba de Europa, y hasta parecía unirse al mundo árabe. No obstante que la cultura árabe de la época debe considerarse superior en muchos aspectos, si se le compara al Medioevo Europeo, no es posible hablar de una evolución política sostenida en beneficio de sus sociedades.

A características positivas, entre las cuales cabe destacarse, entre otras, la hospitalidad, la estructura familiar, el romanticismo y el sentido del honor, se unían igualmente elementos negativos. Entre éstos últimos, la aversión al trabajo manual y la falta del debido mantenimiento a equipos mecánicos, el *dolce far niente* seguido de la actividad frenética, y la tendencia a culpar a otros por las deficiencias propias.

Además, algo muy significativo: Una mente "más inclinada a las palabras que a las ideas, y más a las ideas que a la realidad de los hechos". Al menos, esto es lo que afirman eruditos musulmanes como Rafael Patai en su libro *La Mente Arabe*.

Pero volviendo a España, podemos establecer una diferencia entre el período que se inicia con los Reyes Católicos, el Descubrimiento de América y el final de la Reconquista de Granada, para fines del Siglo XV, con lo que sucedería posteriormente tanto en España como en América.

El desarrollo natural de los acontecimientos correspondientes a la Conquista y la Colonización puede apreciarse mejor evitando los extremos de *La Leyenda Negra* que presenta a los Conquistadores como únicamente deseosos de obtener gran enriquecimiento, para volver en lo posible a España, a disfrutar como *Señores*. De igual manera, se requiere no caer en el extremo opuesto de la *Leyenda Rosa*, según la cual el Conquistador primero, y el Colonizador después, afrontaba toda clase de peligros y penurias, principalmente para cristianizar a los "infieles".

La obra monumental realizada por España en América a partir de fines del Siglo XV y comienzos del XVI, se podrá apreciar incluso con mayor claridad en el período cuando ya se aproximaba la Independencia de la América Española. Ello, sin olvidar las serias consecuencias de la lucha anterior encabezada por España durante las guerras de La Reforma y La Contrarreforma, como principal defensora de El Vaticano.

Como apropiado complemento, podemos leer una afirmación significativa en *La Historia General de España y América*, publicada por Ediciones Rialp. Esta se refiere a la gradual disminución del control de España en América. Al efecto, se afirma que "con antelación a la derrota de La Armada, el control de España en América había ido disminuyendo como consecuencia de los intereses comerciales ingleses, holandeses y franceses, que reducían cada vez más el monopolio español".

Conviene igualmente tener presente lo que manifiesta en su libro *Ingleses, Franceses, Españoles,* Salvador de Madariaga, ex-Ministro de Educación de la breve República Española. Recordemos que a ésta pondría fin la dictadura del Generalísimo Franco, apoyada desde un principio por la Italia de Mussolini y la Alemania de Hitler. Para Madariaga, mientras la política internacional de España estuvo signada por la fe religiosa, "....la expansión económica inglesa resultaba el producto de una actividad económica creciente".

En el caso de Francia, nos dice Roland Mortier: "Es imposible entender los problemas del Siglo XVIII (y la Revolución Francesa) sin ir atrás, a las fuentes de su pensamiento". En efecto, en este libro *La Democracia Enjuiciada* (Capítulo IX), me permito lo que considero indispensable referencia a los Siglos XVI y XVII, cuando pensadores como Jean Bodin, Pierre de Belloy, H. du Boys, Jerome de Bignon y otros, contribuían con sus obras a la *Teoría Política del Absolutismo*, según la cual el Rey era sólo responsable ante Dios.

Son escritores como éstos los que contribuyen a crear la teoría política contra la cual reacciona, posteriormente, la Revolución Francesa.

XXIV. La Democracia Enjuiciada: Alegato de la Defensa.   Parte Final.

En lugar de una nobleza exenta de impuestos, la Gran Bretaña desarrolló una sociedad con mayor libertad política y económica, propensa a la iniciativa privada. Una sociedad diferente y con menores resabios de las limitaciones medievales que se dieron por tanto tiempo en Europa Continental. Pero eso sí, con un estricto y severo sistema de impuestos, tanto nacionales como locales, que reflejaban su larga y característica tradición de fuerte gobierno local.

Viendo funcionar esta significativa tradición de gobierno local, nada reciente, primero en Inglaterra y después en los Estados Unidos, es imposible dejar de compararla con nuestro centralismo político durante y después de la Colonia. ¿Acaso no resulta evidente en esas latitudes una mayor eficiencia y disciplina en el control del gasto público y una mayor y efectiva persecución de la corrupción?

Nunca podremos olvidar la reacción del ciudadano nuestro que, al leer en el periódico "Sobre desfalcos y desfalquitos…otra vez de moda", se encogía de hombros por considerar que el dinero mal habido no le pertenece.

En nuestras sociedades coloniales se daba el rompimiento violento de la disciplina anterior dentro de los grupos indígenas autocráticos. La sociedad que surge en su remplazo, se encontrará dominada inicialmente por un colonizador principalmente proveniente de Andalucía y otras zonas del Sur de España. A su vez, aparece su característica influencia árabe del *dolce farniente* mezclado con el impulso ocasional a la super actividad. Esto, para no referirnos al ideal de no hacer trabajo manual, que caracteriza la condición de noble.

Pensemos lo que ha significado la disciplina como virtud reconocida a los Suizos y Japoneses, por ejemplo, pero a la cual muchos de nosotros en América Latina ni siquiera aspiramos conscientemente. ¿No es la disciplina individual y colectiva igualmente indispensable en un mundo polarizado entre super potencias con competidoras economías tecnificadas?

Pero volviendo a la sociedad política, llama la atención que en medio del Siglo XVIII, *Siglo de las Luces,* Montesquieu recomendaba en Francia "adoptar la constitución inglesa para remplazar el absolutismo", lo que el escritor alemán Otto von Leixner estimó atinadamente como un mensaje verdaderamente revolucionario.

También antes de la Revolución Francesa, en 1762, Rousseau estimaba que "la Literatura de nuestro Siglo tiende mucho más a destruir que a edificar".

Tal vez como una consecuencia directa, la edición de los 35 volúmenes de *La Enciclopedia*, publicados entre 1752 y 1784, estaba llamada a producir un efecto de liberalización en Francia y otras partes del continente europeo. Su contenido, tanto en temas de tecnología como de política, resultaría de igual modo estimulante.

Ya en 1789, iniciada la Revolución Francesa, el Embajador de España en París, Fernán Núñez, se refería "al creciente entusiasmo de la gente por la participación tumultuaria en los eventos que se desarrollan, pero sin ideas ni objetivos claros".

Resulta revelador confirmar que el mismo año, y en medio de una atmósfera caótica, Marat presentaba a la recién creada Asamblea Nacional, y como preámbulo a la Constitución todavía por escribir, su famosa *Déclaration des Droits de l'Homme et du Citoyen*.

¡Pero cual no sería mi sorpresa al descubrir grandes semejanzas entre este histórico documento y la *Declaration of Rights,* preparada por George Mason y adoptada por la Legislatura del Estado de Virginia el 12 de Junio de 1776, mientras el Congreso en Filadelfia preparaba la Declaración del 4 de Julio! Ejemplos:

Virginia, 1776	Paris, 1789
"Todos los hombres son iguales y permanecen libres por natraleza."	"Los hombres nacen y permanecen libres."
"Todo poder permanece en el pueblo."	"Toda soberanía se mantiene en la nación."
"El gobierno se instituye para el beneficio común."	"El propósito de toda asociación política es preservar los derechos del hombre."
"Los Poderes Legislativo, Ejecutivo y Judicial deben estar separados."	"Cualquier sociedad en la cual la separación de los Poderes no esté determinada, no tiene una

	Constitución."
"La libertad de prensa es uno de los bastiones de la libertad."	"La libre comunicación del pensamiento y las opiniones es uno de los más preciados derechos del hombre."

En el caso de España, nos dice Fernando Díaz Plaja en su libro *La Vida Cotidiana en la España de la Ilustración,* que "hasta el Siglo XVIII, el país había vivido unido con respecto a la Iglesia Católica y al Rey, establecido en su trono por Dios. Sin embargo, con la llegada de los Borbones al poder (en la persona de Felipe V, de Anjou, nieto de Luis XIV, 'el Rey Sol')...esa unidad se rompió".

En América Latina, nos recuerda el escritor chileno Bravo Lira, ya para la segunda mitad del Siglo XVIII y la primera mitad del XIX, España, Portugal y América Latina, habían degenerado en anarquía y desgobierno. Y agrega que "después de tres (3) Siglos de Historia, un país no puede nacer al momento de la Independencia".

16 de noviembre de 2014

Por recomendación de nuestro común amigo Gonzalo Palacios Galindo, me permito algunas consideraciones relacionadas con su interesante planteamiento sobre algunas "tendencias de los líderes políticos latinoamericanos". Esta gentil recomendación tal vez obedezca a que él conoce de mi preparación de un nuevo libro, todavía pendiente de una adecuada casa editorial con representación en nuestros países, bajo el título La Democracia Histórica y América Latina (Cartas, Citas y Reflexiones desde Washington).

No deja de ser una coincidencia significativa que, en mi condición de exilado panameño residente en Venezuela durante la dictadura militar del General Noriega, iniciase la preparación de mi libro Los Estados Unidos del Norte y Los Des-unidos del Sur (Paralelismo Histórico y Lecciones en Teoría Política). Ese libro lo completaría y publicaría poco después en Los Estados Unidos de América.

Del mismo, me permito reproducir ahora las siguientes conclusiones que estimo esencialmente relacionadas con los catorce puntos señalados por Ud., al igual que con los tres "discourses" que reflejan el enjundioso análisis de esa reconocida intelectualidad latinoamericana que ha sido José M. Briceño:

1.- La evolución diferente que se produce en España e Inglaterra, así como también en Francia y Alemania, partiendo de la base feudal, nos ayuda a comprender su diverso desarrollo político.

2.- ...a partir del Siglo X en Francia la condición de caballero se hace hereditaria, y de ese modo nace la nobleza... los nobles considerarían la noción del trabajo en general, como indigna de hombres libres... La nobleza originalmente fue una casta militar que no pagaba impuestos, porque suministraba el servicio militar... Hasta su desaparición, la nobleza se basará en su status original, de personas en principio ajenas al trabajo productivo...en Inglaterra el Feudalismo llega tardíamente (1066)...

3.- ...en España, en cambio, se prolongan las estructuras feudo-militares, sobre todo en Castilla, por razón de la prolongada lucha contra los moros.

4.- Al extenderse desde Italia el Renacimiento, que pretendía sustituir a Dios por el hombre como centro del Universo, España reacciona contra lo que en conjunto, consideraba herejías.

5.- Entre los valores culturales de carácter feudal que España traslada a Hispanoamérica se encuentran el prejuicio contra el trabajo manual y contra la ganancia pecuniaria.

6.- Al transcurrir la colonia en Hispanoamérica, muchos de los descendientes de los conquistadores terminaron constituyendo la aristocracia de los criollos.

7.-Los indios americanos estaban acostumbrados, incluso en las mayores civilizaciones autóctonas, a los gobiernos teocráticos. Gran parte de los conflictos que surgen durante la conquista y la colonización, son producto del remplazo de las deidades aborígenes.

8.- En Norteamérica la colonización precedería a la conquista, sobre todo del Centro, Medio Oeste y Oeste.

9.- Para los días de la primera colonia inglesa en Virginia, Francis Bacon publica en Latín su obra "Instauratio Magna". En ella se formula un novedoso método científico basado en la observación, más que en la tradicional deducción y el ideal del silogismo.

10.- En España, la Corona, apoyada por la Inquisición, prolongó sus posturas políticas hasta comienzos del Siglo XIX.

11.- Entre las críticas desaprobatorias frecuentes que formulaban los criollos a la política colonial se encontraban: La decadencia económica estructural de España, que se reflejaba desfavorablemente en las colonias; el asfixiante sistema de impuestos; la pésima administración de la hacienda pública y la corrupción; el aumento del contrabando y la designación de sólo peninsulares para los cargos administrativos.

12.- A la hora de la Independencia en el sur de América, los objetivos básicos no debieron ser sorpresa para nadie: Libertad de comercio, gobierno propio y representativo y la búsqueda de la ilustración.

13.- Al iniciarse el Siglo XIX, la colonia española en el territorio continental de América estaba llegando a su fin por varias razones. Entre éstas, el ejemplo de la Independencia de Norteamérica, las ideas de los enciclopedistas y la Revolución Francesa...

14.- En medio de la lucha independentista, Bolívar se había referido en el coyuntural Discurso de Angostura a Hispanoamérica como una "sociedad díscola, tumultuaria y anárquica..."

15.- España nos había legado, eso sí, una efectiva y significativa unidad espiritual fundamentada en el idioma, la religión y la cultura.

16.- Mientras éste era el panorama reinante en el sur, para la misma centuria Norteamérica se transformaba de una sociedad rural a primera potencia industrial.

17.- Las dictaduras y el caudillismo-caciquismo latinoamericanos ha representado un lastre adicional para el desenvolvimiento de la libertad empresarial...

18.- Hijos del absolutismo, hemos vivido por demasiado tiempo entre la represión y el paternalismo...

19.- El nacionalismo xenófobo y la excusa de atacar a otros pueblos como culpables de nuestros males endémicos, nos impide con frecuencia ver con claridad nuestras deficiencias y cómo superarlas.

20.- Se impone hoy vencer el absolutismo y los deseos de "Gobiernos de mano fuerte" de unos pocos, con visos de renovado paternalismo, para crear una sociedad que sea determinada, en lo político y lo económico, por la voluntad libre de los más.

21.- En muchas comunidades del Oeste de Los Estados Unidos se desarrolló un respeto especial por el inmigrante que había llegado pobre (que era casi siempre el caso) y había logrado buen éxito en su granja manejada con un concepto familiar y virtualmente sin empleados.

22.- En lo que todos estamos de acuerdo es que, en el plano personal, hemos producido individualidades superiores y con frecuencia heroicas.

Por otra parte y como Ud. sabe, mucho se ha escrito en torno a las observaciones hechas por Cornelio Tacitus, en el año 98A.D., sobre lo orígenes de la Democracia Anglo-Sajona, mucho antes de la emigración masiva a las Islas Británicas a la caída del Imperio Romano. A este respecto, permítame reproducir algunos aspectos del análisis que me he permitido en el Capítulo Early Anglo-Saxon England and the Essence of Democracy, de mi libro, en Inglés, *Democracy on Trial: The Case for the Defense (Progressive Evolution or Revolution)*.

Dos aspectos fundamentales me parecen dignos de mención, a saber: "political power located in the folk" como substrato posterior de la democracia ya no directa sino representativa, y que permitiría al Presidente Lincoln en Gettysburg esa breve definición de la Democracia como el "Gobierno del pueblo, por el pueblo y para el pueblo".

Al efecto, tal parece como si han existido y continúan existiendo entre nosotros líderes políticos e incluso politólogos criollos, desde el Siglo XIX hasta el presente, quienes sin intentar comprender la profundidad de un Presidente Lincoln, prefieren aludir a un "Gobierno de la oligarquía, por la oligarquía y para la oligarquía". Es decir, un Gobierno de pocos para pocos. Y tampoco nos han faltado quienes, más directamente, promueven un "Gobierno del Dictador, por el Dictador y para atender al Dictador". Lo triste es que quienes esto predican, tampoco comprenden ni creen en el mensaje de Lincoln.

No menos importante estimo reconocer el desarrollo inicial y particular del Common Law como un sistema de fallos costumbristas, prexistentes al gobernante. Sistema jurídico al cual el gobernante se encuentra sometido, so pretexto de auto colocarse fuera de la Ley y renunciar a su posición. No solamente esto, sino que, como sabemos, cuanto más antiguo el fallo, mayor valor posee como precedente.

¡Ni qué decir del contraste que ello representa con los sistemas políticos que consideran al gobernante como rencarnación de Dios, y totalmente libre para interpretar y modificar la Ley!

Para no extenderme, como francamente me agradaría, permítame su benevolencia concluir con una breve alusión a la Carta Magna, pues a veces pienso que nunca hemos llegado a ella dentro del "Christian Heritage discourse". "Discourse" al que tan atinadamente se refiere José M. Briceño y que prevaleció en España, así como también, después, entre los Criollos, y que nuestras generaciones no han sido capaces de superar.

Ante todo, debemos destacar el carácter contractual que la "Gran Carta" representó y representa, y en el cual el soberano se compromete a respetar la voluntad de los representados, transformándose así en servidor de sus gobernados.

Sobre el particular nos dice el profesor William Dunham, Jr. de la Universidad de Yale: Magna Carta "built up two cardinal constitutional principles – government by agreement, or contract, and the rule of law".

Y no olvidemos que el Papa, al considerarla obtenida bajo violencia contra el soberano, trató de anularla solamente dos meses después de adoptada, mediante Bula de 24 de agosto de 1215.

Por el contrario, lo que sucedería fue su ratificación reiterada en 1216, 1217, 1225, 1227, 1253, etc. y en innumerables ocasiones durante la centuria posterior a su adopción, y en los siglos siguientes hasta el presente.

Para apreciar mejor el valor, permanencia y significado de este documento, recordemos lo que sucede en Francia durante la centuria inmediata, después de superar el absolutismo, como resultado de la Revolución Francesa a fines del Siglo XVIII: "trois rois, deux empereurs, trois républiques, trois révolutions".

Para concluir, Don Alberto, según mi leal saber y entender, es difícil progresar políticamente mientras no seamos conscientes de la esencia de la democracia y de cómo ella resulta indispensable, no solamente para ese progreso, sino también para el bienestar material y espiritual de nuestros pueblos.

Con toda consideración, Ricardo Lasso Guevara.

XXVI. El Caciquismo o Populismo Irresponsable.

Se ha dicho que la Historia avanza en forma pendular, lo que equivale a afirmar que la sociedad tiende a dirigirse a extremos, de los cuales reacciona hacia otros extremos opuestos.

En América Latina todo indica que ya hemos comenzado una consciente reacción política en contra de un *caciquismo-caudillismo o populismo irresponsable* que aspira a perpetuarse indefinidamente en el poder. Es decir, que cada vez estamos menos dispuestos a aceptar regímenes en los cuales sus gobernantes dividen a la población en sólo dos clases de personas: Aquéllos que aprueban todo lo que se dispone y los demás, a quienes hay que catalogar como enemigos. "O estás conmigo o contra mí" es el clamor de los autócratas.

Si estás de acuerdo con este tipo de régimen antidemocrático, tienes que apoyarlo con entusiasmo y sin jamás expresar dudas o cuestionamientos. ¡Prohibido pensar!

Por una parte, resultó comprensible que, al caos político que siguió a la Independencia de España y a la frecuentemente repetida experiencia de prolongadas dictaduras, viniese una reacción pendular durante el Siglo XX. Aparecerían entonces numerosas Constituciones en las cuales se prohibía la relección presidencial.

Y ahora, ya en pleno Siglo XXI, vemos surgir la oposición a un populismo que lo primero que ha procurado, al llegar al poder, es precisamente modificar la Ley Suprema nacional (nuestras Cartas Magnas) para, justamente, poder relegirse dos, tres y hasta más veces. Bueno, siempre que haya elecciones, naturalmente.

Ya antes de la conquista y colonización de Iberoamérica, aun en la culturas autóctonas más desarrolladas, existían teocracias sin ningún nivel de participación política popular en la determinación de sus gobiernos. Lo sucedido después, durante tres centurias, resulta hoy historia conocida.

Permítasenos concentrar nuestra atención en el presente, ya que éste no es el lugar para extendernos en las luchas por la Independencia a partir de comienzos del Siglo XIX, ni tampoco a la inestabilidad política que siguió al surgimiento de nuestras Repúblicas.

Así, sucedió que, precisamente en la tierra de Simón Bolívar, El Libertador, se iniciase el presente Siglo con la elección del Comandante Hugo Chávez, creador de la mal llamada Revolución Bolivariana. Las fuerzas armadas venezolanas pronto abrazarían la aspiración a gobernar, indefinidamente, adoptando el modelo de los hermanos Castro, quienes llevan más de cincuenta y cinco (55) años en el poder.

Hoy algunos ciudadanos venezolanos, admiradores políticos del Chavismo, pueden pensar que ellos solamente llevan 15 años ininterrumpidos de gobierno. ¿Por qué, entonces, habrían de permanecer en el control de su gobierno por menos tiempo que su modelo cubano, dentro de un régimen político supuestamente Marxista-Leninista-Estalinista-Castrista-Chavista?

Pero, más temprano que tarde, los militares venezolanos, quienes se dicen y consideran descendientes de Bolívar, desempolvarán su profético Discurso de Angostura de 1819, reiteradamente mencionado al comienzo de este libro. En esa ocasión, como anticipando la realidad presente de Cuba y Venezuela, nos advirtió El Libertador:

> La continuación de la autoridad de un mismo individuo frecuentemente ha sido el término de los gobiernos democráticos… El pueblo se acostumbra a obedecerle y él se acostumbra a mandarlo, de donde se origina la usurpación y la tiranía.

Y volviendo al Siglo XXI, siendo la Democracia, participativa por naturaleza, lo que se requiere es que las presentes generaciones asuman un papel más activo y constructivo en la vida política de nuestros países Iberoamericanos. De esta manera, podrán contribuir a mejorar su presente y forjar su futuro.

Se requiere la existencia de verdaderos partidos políticos, con diferentes programas de gobierno, tanto en sus enfoques de los problemas nacionales como en sus posibles resoluciones. No menos esencial, por supuesto, es la realización de elecciones regulares. Aunque ello parezca increíble, todavía persisten voces en nuestra América Latina que, mientras culpan a otros por nuestros males, se preguntan: ¿Elecciones para qué?

Insistamos, pues, en una mejor reglamentación y manejo del proceso electoral, a base del absoluto registro de las donaciones económicas para fines electorales. No menos importante es un mayor control del gasto electoral durante períodos de elecciones relativamente cortos y menos costosos, con subvenciones del Estado hasta donde sea posible. Igualmente significativo resulta la designación de las autoridades especiales y responsables que dirijan y coordinen los aspectos especiales del proceso electoral.

A este respecto, conviene tener presente la proclama hecha en el año 2007 por la Conferencia de Obispos católicos norteamericanos al expresar: "La ciudadanía responsable es una virtud, y la participación en la vida pública es una obligación moral".

Esta proclamación fue citada recientemente por el Papa Francisco I, quien complementó lo anterior con un llamado a considerar la política como "una vocación noble en cuanto procure el bien común".

XXVII. Política en USA – Del Centro y las Extremas Derecha e Izquierda

Comencemos con lo más claro, diáfano y evidente: El Centro o fiel de la balanza.

Desde sus orígenes coloniales, la sociedad norteamericana se caracterizó por una notable mayor igualdad debido al inmigrante europeo que llegaba a la Costa Atlántica. Ningún miembro de la nobleza europea, propietario y residente en castillos y palacios, los abandonaba para intentar el cruce del océano y el comienzo de una nueva vida, incierta además por multitud de incógnitas.

La vida colonial, pues, distaba mucho de estar formada por unos pocos que miraban socialmente hacia abajo y los muchos que miraban hacia arriba, para usar el lenguaje que utiliza James Bryce en su comprensiva obra *The American Commonwealth*.

Desde el principio, los iniciales inmigrantes puritanos llegaron con la aspiración de fomentar una nueva vida, más próxima a la de los apóstoles. Después se irían superponiendo quienes continuaban llegando en verdaderas oleadas humanas a partir de la segunda mitad del Siglo XIX, empujadas por crisis europeas. En esta forma, se integraron los Estados de la Unión que surgieron a partir de fines del Siglo XVIII y que remplazaron las antiguas colonias, reflejando esos conglomerados humanos a los que se refiriera, admirándolos, Alexis de Tocqueville en su conocida obra *Democracia en América*.

La sociedad original formada por granjas rurales, operadas a base del esfuerzo familiar, se transformaría naturalmente con el paso de los años; pero en ella prevaleció hasta el presente un significativo, apreciable y admirable sentido de igualdad. Es verdad que el núcleo familiar y social inicial se transformaría, sobre todo en el Sur, con la importación de mano de obra esclava. Y en el Norte, con el desarrollo industrial y la aparición de empresas y consorcios de expansión, primero de carácter nacional, y luego también internacional.

Con la llegada significativa de millones de inmigrantes provenientes sobre todo de países como Irlanda, Alemania, Polonia e Italia, en ese orden, y el desarrollo económico considerable en el Siglo XIX, Los Estados Unidos se transformaron el la Primera Potencia Mundial. Hecho que demostrarían ampliamente durante la Primera y Segunda Guerra Mundiales en el Siglo XX, también conocido como la Centuria Norteamericana.

Valga mencionarse que el comercio nacional y el desarrollo empresarial, en general, se vieron favorecidos por la dimensión de su territorio, comparable a toda Europa. Y también por el poder adquisitivo mayor de su población.

Pero yendo a la política nacional, ya en el Siglo XXI, podemos observar cómo, con más de dos años de adelanto de las elecciones Presidenciales, empiezan los dos partidos políticos tradicionales con sus gestiones y escaramuzas preliminares para el escogimiento de los candidatos que se enfrentarán, en definitiva, en las elecciones. Bien puede anticiparse que corresponde al Centro político del país e incluso a los ciudadanos independientes la determinación del resultado final, ya que ni las posiciones extremas de Derecha o Izquierda ideológicas, cuentan con el apoyo de las mayorías nacionales requeridas.

Los sectores de Derecha ni siquiera sienten la necesidad de combatir el marxismo-Leninismo-Estalinismo, ni tampoco la Izquierda utiliza en su lenguaje referencias al absolutismo personificado por individuos creyentes y promotores de su única verdad.

Para la extrema Derecha, pareciera que el mayor temor es una especie de socialismo democrático. Es decir, un sistema político basado en partidos políticos, elecciones regulares y altos impuestos, estilo escandinavo. Y para la extrema Izquierda, el temor radica en el supuesto escogimiento de un Jefe del Organo Ejecutivo, que pudiese representar intereses bélicos, con pretensiones de dominio o especie de policía universal, sin la más remota competencia posible en la cantidad y calidad de los armamentos.

Para el Centro-Derecha, que abandera el Partido Republicano, su plataforma contempla una mínima intervención legislativa (sobre todo a nivel Federal o nacional), al igual que escasa reglamentación oficial de la actividad económica, el respeto máximo a la religión y, en general, la más absoluta libertad individual.

Para el Centro-Izquierda, que se estima representado por el Partido Demócrata, son deseables los controles legislativos y reglamentarios que garanticen un mayor equilibrio entre los diversos sectores que participan activamente en la vida nacional y local. Tiene igual importancia la libertad individual para la práctica o no de la religión y el fomento de asociaciones de la mayor diversidad. Estas incluyen a los sindicatos que se consideran parte esencial de las empresas y no a agrupaciones interesadas en la destrucción de la compañías, para remplazarlas por una economía en manos del Estado.

Valga agregarse que entre las uniones o sindicatos más importantes se encuentran las asociaciones de jubilados, al igual que las de educadores y profesionales de la salud.

Poseedora de una población con más del 90% que continúa considerándose a sí misma como parte de su gran Clase Media, es difícil anticipar siquiera una especie de Cesarismo iluminado en USA. Con Presidentes recientes de extracción sumamente humilde, pero formación académica superior, como Bill Clinton y Barak Obama del Partido Demócrata, lo que sí puede anticiparse son confrontaciones electorales de muy alto nivel con alguno de los excelentes candidatos centristas con que cuenta igualmente el Partido Republicano.

Se requieren, por otra parte, elecciones de mucho menor duración y costos electorales limitados en los montos económicos que pueden aportar los individuos y las corporaciones.

XVIII. La India y las Castas Sociales

¿Existe en USA un "sistema de castas" al estilo del que ha existido en la India?

Hoy me hago estas reflexiones, motivado por la interesante e informativa conferencia dictada por mi amigo y vecino, el Ingeniero Kris Sarma, bajo el título de "La India Maravillosa".

Este meritorio Ingeniero, nacido en la India y graduado en Alemania, terminó dedicado a impartir la cátedra universitaria. Como era de esperar, su presentación resultó extensa en la referencia a los siete mil (7,000) años de historia de su país natal. Así, desde la creación del idioma Sánscrito y los cuatro libros Vedas de la sabiduría, a la expansión de la población hacia el Sur a lo largo de ríos como el Ganges. Eventualmente llegaríamos al príncipe Gautama, o Buda, y la expansión cultural, anterior hacia Persia por un lado, al igual que a China, Japón y el Sureste de Asia, en general, por el otro.

Permítaseme, no obstante, algunas consideraciones especiales alusivas al sistema de castas, generalmente divididas en cinco categorías. Es esta realidad social la que significa la muy marcada separación entre los *Brahmins* (religiosos y también jueces superiores), los *Kashatriyas* o guerreros, los *Vaishyas* (comerciantes y también agricultores), los *Shudras* o artistas y artesanos, y los *Dalits* o intocables. Antes de esta última categoría, también existía el grupo de los esclavos y los sirvientes.

A algunas personas, dentro y en el exterior de los Estados Unidos de América, les parece apropiado referirse al 1% de la población como a los poderosos billonarios, detentadores de toda riqueza y supuestos controladores de la economía y la política. Esta supuesta "casta" superior norteamericana se diferencia grandemente de los *Brahmins* (dominantemente religiosos y entre los cuales hay que incluir al propio Buda) en que los detentadores de esta primera categoría en la India se suponía que no debían acumular riqueza.

Determinados politólogos se refieren, como una especie de primera casta privilegiada en Los Estados Unidos, a lo que el Presidente Eisenhower denominó el complejo militar-industrial como una variante mejor definida al impreciso 1% de la población. Al igual que en la India milenaria, particularmente la casta de los guerreros *Kashatriyas* representa a los "defensores del territorio"; pero en Norteamérica muchos se niegan a otorgarles un *segundo lugar* a los militares, sobre todo en un mundo de constantes peligros y amenazas.

Valga mencionarse que los militares en USA no han dado Golpes de Estado por más de doscientos (200) años, desde la creación de la República, ni participan profesionalmente en la política nacional, estatal ni local. Otro aspecto significativo lo representa el hecho de que para ingresar a las mejores academias militares en los Estados Unidos, y aspirar a las jefaturas supremas del ejército, la aviación y la marina, se requieren altos índices académicos. Se trata, pues, de rendimiento académico y no de condiciones de clase o economía familiar. Ambas características les han merecido a los militares norteamericanos el respeto que normalmente les otorga la sociedad civil.

Aunque las castas tradicionales están hoy prohibidas por la Constitución de la India, siguen existiendo en ese país diferencias sociales, resabios de las raizales castas, en el trato y la consideración de las personas.

Los hombres de letras siempre han gozado de la consideración especial de la comunidad, a pesar de que su "casta" correspondería a los *Shudras*. Entre ellos podemos recordar como representantes ejemplares sobre todo a Rabindranath Tagore. Puede o no incluirse a Rudyard Kipling, nacido en la India, pero de padres ingleses y una formación cultural esencialmente inglesa. Ambos Premio Nobel tratan con profundidad el tema de la cultura de la India.

¿Y que decir de Mohandas Gandhi (1869-1948), contemporáneo tanto de Tagore (1861-1941) como de Kipling (1865-1938)? Nacido en la India, Gandhi viaja a Londres donde se hace abogado y desarrolla sus principios políticos. Luego desarrollaría su vida profesional, tanto en Sud Africa como en la propia India, hasta morir asesinado por un compatriota fanático, opuesto a su ideario político de la Resistencia Pacífica.

En medio de la conferencia, nos sorprendió la proyección de un mapa comparando el territorio de la India, en el cual caben los 7,000 años de Historia y Cultura, con el territorio de los Estados Unidos. Este último, casi tres veces mayor en extensión, pero con una Historia propia escrita, relativamente reciente, de apenas unos 400 años.

En cambio, no nos sorprendió la diversidad de las influencias culturales, iniciadas 5,000 años antes de Cristo en la gran península asiática. Esta mezcla cultural y racial nos recuerda la experiencia igualmente rica y variada de esa otra península, la ibérica, en el extremo suroeste europeo. Todos recordamos cómo a la llegada de los iberos y los celtas, se unieron los fenicios, los griegos, los romanos, los cartagineses, los visigodos, los árabes y otros pueblos, todos ellos dejando, de un modo u otro, la impronta de sus significativas influencias y características.

Mi esposa Denia, quien asistió conmigo a la conferencia del Ing. Sarma y posee un mayor conocimiento de Literatura Universal, me recuerda que la influencia literaria de la India llegó hasta España. Y que esta influencia ocurrió por vía del Imperio Persa, los Griegos, los Romanos y los Arabes, con traducciones de géneros literarios como la fábula, el apólogo y la parábola. Estos géneros llegaron a penetrar en nuestra literatura española, debido sobre todo a la extensa conquista musulmana de la Península.

Llama la atención la predilección frecuente de la imaginación sobre la razón. Pero no menos las enseñanzas morales características de la fábula, el apólogo y la parábola. Todo ello ilustrativo de lo maravilloso, inexplicable, ilusorio y hasta quimérico que tipifica frecuentemente el alma oriental.

XXIX. Conclusión, inspirada esencialmente en mi libro *USA vs General Noriega ¿Amigo o Enemigo?*

Pongo fin a estas *Cartas, Citas y Reflexiones* con palabras textuales unas veces, y casi textuales otras, que utilicé al final de otro de mis libros. Estimo relevante que después del período de grandes esperanzas universales en favor de la Democracia, que siguió al final de la Segunda Guerra Mundial, América Latina continuó padeciendo dictaduras que, supuestamente, actuaban como antídoto contra el fanatismo político.

Para un balance positivo de la dictadura panameña, estudiada en el libro *USA vs General Noriega*, será preciso una regeneración cultural y espiritual de la ciudadanía y elevarnos en torno a objetivos nacionales realmente superiores. A corto y largo plazo, el remedio hay que buscarlo en educación y más educación a todos los niveles de la sociedad. Educación, por cierto, que invite menos a la memorización y a la repetición mecánica, y más a la reflexión y al análisis.

Se ha dicho, con acierto, que en la Educación está el progreso y el futuro de una nación. Sobre todo cuando el núcleo del hogar es débil. En estos casos, corresponde a la Escuela, casi exclusivamente, establecer normas de conducta y la formación de la conciencia cívica de los futuros ciudadanos. Pero aún en hogares modelos, la Escuela representa el mejor aliado con que se cuenta para la formación de hábitos positivos en el educando.

¿Acaso no es a esta necesidad a lo que alude Simón Bolívar al final de su famosa *Carta de Jamaica* en 1815? Para El Libertador, una vez lograda la Independencia, "se nos verá de acuerdo cultivar las virtudes y los talentos que conducen a la gloria". Los mismos "talentos y virtudes políticas", a que la misma extensa Carta se había referido ya anteriormente.

Exactamente dos siglos después, cabe preguntarnos, con una mano en el corazón, ¿hasta dónde hemos avanzado en este sentido? Es de lamentar y frecuente, que muchos de nuestros coterráneos, quienes participan en los Partidos Políticos, lo hacen principalmente para procurar su nombramiento en un cargo público. O participamos en la determinación de nuestro propio "destino", o sufriremos como consecuencia de nuestros pecados, como solía decirse en España.

Se requiere, pues, el repudio simultáneo de los ciudadanos a aquéllos que también procuran, sobre todo y a cualquier precio, el hedonismo y el enriquecimiento personal; pero esta labor no puede ser la tarea de una persona, ni de una generación.

Durante nuestra vida republicana en Panamá, a partir de 1903, en todos los Partidos Políticos hemos tenido personas que, de buena fe y con altura de miras, han procurado el bien del país. Ello ha sido, incluso a mi juicio, más notorio en algunas personas que tuvieron participación activa en asociaciones políticas como Acción Comunal y El Frente Patriótico.

Pero, generacionalmente, lo que necesitamos en todos nuestros países es mucho más participación política de la ciudadanía. A este respecto, conviene recordar lo expresado en el año 2007 por los obispos católicos norteamericanos: "La ciudadanía responsable es una virtud, y la participación en la vida política es una obligación moral."

Por su naturaleza, la Democracia es participativa, y por ello tal obligación moral ciudadana es fundamental para la determinación del presente y el futuro de una sociedad. Es, además, un mayor control contra la corrupción y la traición política que se da a lo largo de la historia.

En un país con larga tradición de numerosas asociaciones cívicas y clubes de toda naturaleza, como sucede en Inglaterra y Los Estados Unidos, sorprende a sus turistas visitantes del Sur de Italia, la inexistencia casi total allí de estas asociaciones. Tal es también el caso en numerosas otras latitudes que parecieran mantenerse políticamente más cerca de la estructura piramidal de la Edad Media.

Los Estados Unidos también representan una situación sui generis a este respecto, dada su estructura del Gobierno Federal vis a vis el reconocimiento constitucional de los diferentes "Estados" que integran la unión. Así, por ejemplo, cuando el Partido Republicano insiste, como plataforma política, en "menos gobierno", se refiere en particular a las reglamentaciones y programas nacionales más frecuentemente propuestos, a nivel federal, por el Partido Demócrata.

Se da incluso el aparente contrasentido de casos en los cuales, al mismo tiempo que el Partido Republicano aboga por "menos gobierno" federal, propone más gobierno estatal.

Pero independientemente de cual de estos dos partidos pueda tener razón en casos determinados, lo anterior no es fácil de comprender fuera de sus fronteras. Incluso ello sucede durante las elecciones para Presidente, determinadas hasta ahora a base de *votos electorales*. En otras palabras, dependiendo del número de habitantes de cada Estado, en lugar del voto popular total. En cierta ocasión, un buen amigo de uno de mis hermanos médicos, quien se oponía al llamado voto electoral, decía sobre el particular: "Pero es que ya está distante el año 1776" (el de la declaración de Independencia de USA).

Puede darse por descontado que siempre existirán las ambiciones sin medida de *los insaciables*, y hasta los tránsfugas a veces escudados en invertidos morales ...en busca de poder, de dinero o de ambas cosas. Esto resulta más frecuente en las sociedades políticamente subdesarrolladas, por lo que no existe sustituto para la institucionalidad legal en la formulación de la norma y sobre todo justicia en la aplicación de la misma. La Ley y su interpretación, como es sabido, deben nutrirse de una elevada ética política aprendida en el hogar y la escuela.

Cuando se trata de sociedades en las cuales con frecuencia el hogar no existe, o su estructura es débil, el remedio habrá que buscarlo en educación, con dosis doble de civismo, para implementar y perpetuar la Democracia.

Nos referimos, justamente, a la Democracia a que alude Winston Churchill cuando nos dice: "La Democracia es la peor forma de gobierno, excepto por todas esas otras formas que se han intentado de cuando en cuando". (*"Democracy is the worst form of government, except for all those other forms that have been tried from time to time"*).

Entre quienes no creen en la Democracia existen aquéllos que, sin decirlo públicamente, no creen tampoco en el electorado, por considerarlo incapaz de adoptar decisiones adecuadas, o por considerarlo susceptible a la corrupción que ofrecen los candidatos en busca del voto popular.

Sin decirlo tampoco, estos detractores prefieren una élite o "Nueva Clase" que controle totalmente el poder, en lugar del pueblo, en el cual no creen. Algunos hablan del proletariado, mientras prefieren actuar a espaldas del mismo y con toda libertad. Especies de modelos inspirados en el "Archipiélago Gulag" que nos describe Solzhenitsyn.

Sobre todo en las sociedades sub-desarrolladas técnicamente, quienes son incapaces de imaginarse a ellos mismos como eficientes, dedicados y emprendedores investigadores o ejecutivos, prefieren transformar a toda la sociedad en burócratas políticamente autómatas y a sueldo.

De estas premisas, hay sólo un paso al desarrollo de un odio a los países más prósperos y más democráticos de Occidente. Para sus detentadores, hay que eliminar, físicamente incluso, a los poseedores de la riqueza. Ya en pleno Siglo XXI, hemos visto además, en el terrorismo religioso, expandirse ese odio a quienes consideran culpables de todos sus males.

Para mediados del Siglo XIX, Karl Marx, con gran sacrificio para su propia familia, estudiaba y filosofaba sobre Determinismo Histórico y Económico. A la vez se agitaba en los movimientos obreros y escribía con libertad sobre Teoría Política en Inglaterra.

El problema es que gran parte de sus observaciones se basaban en información oficial y detalladas estadísticas del período. Ejemplos extremos? Mujeres que actuaban como "mulas" halando con sogas embarcaciones en la parte superior del Río Támesis; así como niños hasta menores de diez (10) años trabajando largas jornadas en fábricas sin calefacción y con iluminación mínima durante el largo y oscuro Invierno.

A semejante cuadro dantesco habría que agregar la falta de límites en la jornada de trabajo, diaria o semanal; la falta igualmente de descanso, semanal o anual; la inexistencia de jubilaciones ni de retiros pagados por antigüedad de servicios o incapacidad. Y mucho menos programas de salud o educación a nivel nacional ni de los gobiernos locales, para no referirnos a la implementación de escalas progresivas en el pago del Impuesto Sobre la Renta.

Pareciera como si ni el seguro de desempleo ni Escandinavia fuesen posibles. En todas estas materias, Occidente estaba, para entonces, más cerca de las condiciones prevalecientes durante su Edad Media que a las del presente.

Desde esa fecha, no obstante, muchos seguidores de las ideas de Marx han continuado, invariables, su ortodoxia. ¿Y por qué de todo esto sobre todo en países no industrializados? Simplemente porque lo dice el texto casi bíblico…. y punto. Sin perder una coma de teorías proyectadas con base en esos inicios de la Revolución Industrial, han pasado con frecuencia a aplicar los mismos análisis a los Estados Unidos y al Oeste de Europa industrializados de finales del Siglo XX y de la Guerra Fría…y de allí incluso al Terrorismo Religioso del Siglo XXI.

El otro problema difícil de resolver, es que Marx, quien escribía en su original idioma alemán (y nunca dominó suficientemente el Inglés, según sus propios biógrafos), muy poco elaboró sobre cómo se organizaría la sociedad a la que él aspiraba. De ello deberían encargarse posteriormente, con imaginación y de acuerdo con las nuevas circunstancias, los exégetas de lo que vendría a ser el Marxismo-Leninismo-Estalinismo. Esta circunstancia ha permitido a grupos marxistas ortodoxos sostener que poco tiene que ver con Marx la sociedad desarrollada en Rusia en el Siglo XX.

Los exégetas posteriores, de tradición revolucionaria, resultarían mejores propagandistas del dogma y agitadores profesionales, fuera de las fronteras rusas a partir de su revolución, que buenos administradores de su propia sociedad. Y, en América Latina, se llegaría a proyectar un Marxismo-Leninismo-Estalinismo (y Trotzkismo)- Castrismo-Chavismo.

Es igualmente claro que siempre existirán aves agoreras que creen adivinar el fin de la Democracia como un diferente *"End of History"*, y su remplazo por una supuesta panacea, sin defecto alguno y, como quien dice, "químicamente pura".

Establezcamos, pues, como hemos sugerido al principio, la prioridad en el Presupuesto Nacional para el gasto en educación en toda Iberoamérica. Prioridad ésta que disfrutamos los panameños por mucho tiempo, para orgullo nuestro a nivel del Continente. Se trata de la educación que represente una verdadera oportunidad no sólo de instrucción y formación del estudiante, sino también de superación de absolutamente todos los ciudadanos.

Como contrapartida, se impone una disminución del gasto militar, en la medida en que los países se unan e integren, como alternativa indispensable hacia nuestro potencial desarrollo industrial. Bien lo dijo Bolívar ya en 1816, "El sistema militar es el de la fuerza, y la fuerza no es gobierno."

Costa Rica y Panamá han dado ya ejemplos de desmilitarización, dignos de imitar por Colombia y Venezuela, Chile y Perú, Salvador y Honduras, y otros países hermanos.

Si la Patria es de todos, ¿cómo podemos contribuir también todos al debate nacional impostergable en nuestros países, requerido para su superación? ¡Contribución de suyo indispensable de cara al presente y al futuro!

Convengamos en que, con tolerancia frente a todas las ideas, y aún sin participar en los Partidos Políticos del momento, sí podemos activamente contribuir, a diversos niveles, en la mejoría que tan ampliamente deseamos. ¡Frente a los viejos problemas endémicos y raizales, así como ante los nuevos que continuarán apareciendo, opongamos nuestra voluntad ciudadana inquebrantable!

Desterremos el concepto del Dictador Liberal, o del Cesarismo Democrático, o del Mesiánico Hombre Fuerte Paternalista, ya que la extensa y sostenida evolución de la Democracia no se detendrá en el futuro. Sí a la evolución, pero no al absolutismo, al terrorismo y a la violación de los derechos humanos. Que los ciudadanos elijamos regularmente y por períodos rotativos a quienes deben ser considerados servidores y no detentadores indefinidos y hasta hereditarios del poder político.

Lo que se requiere es gobernantes sometidos a la Ley y no legisladores ellos mismos; consultores y administradores de la voluntad popular, por supuesto, mas no jueces. Gobernantes con el mayor respeto por la vida humana y no creyentes deshumanizados en que "el fin justifica los medios". Merecedores del respeto y la admiración ciudadana, pero nunca tiranos más admiradores de las armas que de las virtudes cívicas.

En materia de la administración de justicia, es igualmente de gran significado el fomento del arbitraje nacional para la resolución de conflictos internos, de acuerdo con la especialidad de los casos planteados, y como fórmula más expedita, económica, justa y realista.

El sistema de arbitraje a base de expertos en las diferentes materias, es a la vez antídoto contra la corrupción en el Organo Judicial, e igual podemos decir de las consecuencias e influencia del arbitraje internacional.

Que no se diga que especulamos, de espalda a un mundo de relaciones de negocios sin fronteras. Tanto en el plano individual como en el seno de las sociedades de toda naturaleza, el mejor y más perdurable de los éxitos se ha logrado, en el Occidente y el resto del mundo, sobre inconmovibles y elevados principios de inspiración trascendente.

Nota: A continuación del Testimonio siguiente (Algo de mi autobiografía) y dos _Reflexiones Adicionales,_ incluyo un Suplemento con algunas observaciones que igualmente reflejan las consideraciones hasta aquí planteadas, pero que originalmente fueron redactados por mí en Inglés.

XXX. Algo de mi autobiografía

Graduado con honores en la Facultad de Derecho y Ciencias Políticas de la Universidad Nacional de Panamá y con Post Grado Académico en Derecho en London School of Economics and Political Science.

Al cumplir un nuevo año de edad, reproduzco ahora estas líneas de mi autobiografía, por aquello de que *recordar es volver a vivir*.

Al relatar algunas experiencias, a partir de la terminación de mi Licenciatura en Derecho y Ciencias Políticas en la Universidad de Panamá, con alto índice académico y el Primer Premio a la Mejor Tesis, lo hice con la esperanza de que ellas podrán resultar útiles por las enseñanzas que de ellas se derivan.

En verdad, no solamente dejo ejemplos para mis dos hijos abogados, quienes ejercen con honestidad y dedicación la abogacía en la Ciudad de Washington. Me refiero, también, a otros colegas meritorios y en pleno ejercicio de la profesión de las Leyes, que invariablemente debe flotar en un mar de ética.

Esperanzado, pero también ocupado por la necesidad del manejo del idioma Inglés, cuando me preparaba para partir a Inglaterra, le pedí una cita al Dr. Harmodio Arias, para que me aconsejase sobre lo que podía esperar en mis estudios de post-grado en Leyes.

El eminente jurista, ex-Profesor y ex-Presidente, me recibió en su despacho de Arias, Fábrega & Fábrega. Allí se emocionó durante nuestra larga conversación, recordando cincuenta años antes sus estudios de Derecho en Cambridge, pero también el post-grado que cursó luego en London School of Economics and Political Science, a donde precisamente yo me dirigía en esa ocasión.

No es necesario insistir en que estos centros universitarios, de merecido reconocimiento académico, deben su prestigio a sus selectos profesores, bibliotecas y laboratorios, pero también a la mayor e intensa vida extra-curricular que en ellos se desenvuelve.

Dado el hecho de que las Universidades en todas partes deben cubrir una especie de Introducción, bastante similar de las materias básicas, estas conferencias, seminarios y otras actividades extracurriculares contribuyen a hacer la verdadera diferencia en el nivel de excelencia entre unas y otras.

Para aquella época tenía además muy presente el sobresaliente manejo del idioma Inglés de que nos hiciera gala en el Instituto de Investigación Jurídica de nuestra Facultad en Panamá, el Dr. Salo Engels, abogado graduado en Berlín.

Como recordarán algunos compañeros estudiantes en el Instituto de Investigación (varios de ellos, después, Magistrados de la Corte Suprema), a pocas semanas de su llegada, el Dr. Salo Engels nos corregía, ocasionalmente, el uso de nuestra gramática castellana, basándose en su dominio adicional del Latín como lengua madre.

Ya el mismo día de mi llegada a la ciudad de Londres, y después de comprarme un pequeño radio portátil con el cual me proponía ayudar mi oído con el idioma de Shakespeare, me dirigí al enorme Hyde Park, ubicado a unas pocas cuadras de la residencia para estudiantes donde me hospedaba.

Allí, en una banca, me puse a reflexionar sobre la extraordinaria oportunidad que se me presentaba y sobre los tantos jóvenes en todo el mundo que podían desear estar en mi lugar, y poder cursar especialidades en diversas disciplinas. No podía, pues, venir a perder el tiempo, sino a aprovecharlo académicamente al máximo de mis circunstancias.

Luego de unos pocos minutos, se me acercó un niño inglés de alrededor de cinco años de edad, acompañado de sus padres y portando una bola grande de color rojo, que me lanzó como invitándome a jugar con él. Bueno, me dije mientras me levantaba a lanzarle su bola de vuelta, tal vez deba interpretar su gesto amistoso como una señal de bienvenida a este país, admirable en tantos sentidos. Entre éstos, la educación a todos los niveles.

No debe sorprender entonces que, al menos que estuviese atendiendo clases, conferencias o seminarios, yo me encontraba a diario en la fila que invariablemente se formaba antes de abrir la biblioteca de nuestra Universidad.

Me llamó siempre la atención que, después de esas conferencias, dictadas principalmente por autores que presentaban sus propios libros, los estudiantes efectuaban una votación. No se trataba de decidir, por supuesto, si el expositor tenía o no razón, sino si había sabido o no presentar adecuadamente su punto de vista, que podíamos, libremente, compartir o no.

Pero volviendo a esa fila que se formaba siempre antes de abrir la biblioteca, pronto comprendería que ella obedecía a que, media hora después de abrir sus puertas, ya no había ningún puesto disponible. Quienes seguían llegando, tenían que sentarse en las escalinatas de los entrepisos de la invariablemente muy concurrida biblioteca de London School of Economics, o LSE, como es reconocida por sus iniciales en todo el mundo académico.

Pronto comprendería, además, este contraste con tantas bibliotecas en universidades de muchos países, que solamente se llenan cuando se acercan los exámenes de fin de año académico. Ello obedecía a la rigurosa selección a que se somete al estudiante del país, y varias veces desde sus estudios primarios hasta el final de la selectiva y variada escuela secundaria.

Téngase presente que ni siquiera los candidatos que calificaban para aspirar a la universidad tenían garantizado su ingreso, sino después de aprobar exámenes de admisión y dependiendo de cuotas asignadas a las regiones del mundo que fueron sus colonias.

Era más que evidente la calidad del estudiante que ingresa a primer año universitario, para no referirnos siquiera a quienes cursan post-grado. Desde un principio el estudiante universitario inglés es visto con respeto por la sociedad que admira sus escudos distintivos y orgullosamente visibles en sus sacos.

Por otra parte, en los muy pocos días feriados en que no funcionaba la biblioteca de la Universidad, yo aprovechaba para pasar el día en la Biblioteca del Museo Británico. En ese modelo de biblioteca, equivalente en Inglaterra al Library of Congress en la Ciudad de Washington, hice amistad con un grupo de estudiantes canadienses que cursaban sus doctorados en Londres.

Nos reuníamos, sobre todo durante el corto tiempo de almuerzo o en algunas de las charlas que se brindaban diariamente en el Museo a media mañana y media tarde. En esas oportunidades conversábamos sobre la diversidad de nuestros temas de especialidad y sobre la perspectiva que permitía mirar el mundo desde Europa y no desde América. Se trataba del período todavía de la reconstrucción después de la Segunda Guerra, y en medio de la ya amenazante Guerra Fría.

Relato estas experiencias en la esperanza de que resulten útiles, por las enseñanzas que de ellas se derivan, para que la sociedad no resulte víctima de los deshonestos e inescrupulosos.

Reflexión Adicional I

1) Con la caída del Muro de Berlín y del comunismo tanto en la Alemania del Este, como en otros países satélites y la propia Unión Soviética, se puso fin al Siglo XX.

2) No obstante, el Siglo XXI se inició con un nuevo fanatismo exclusivista y con aspiraciones de dominio universal. Esto quedó en evidencia, entre otros casos, con el ataque a las Torres Gemelas en la Ciudad de Nueva York el 11 de Septiembre de 2001.

3) Los comienzos de la nueva centuria han proyectado una sombra que se extiende directamente al llamado Primer Mundo Occidental, proveniente en gran medida de la casi increíble confrontación milenaria en el mundo musulmán, entre Sunnitas y Shitas. Intolerancia alejada por ahora de un mínimo de compromiso tanto en la diversa interpretación del Corán como en la violenta confrontación armada.

4) El cuadro político mundial a la altura del Siglo XXI, se ve complementado con dictaduras primitivas en partes de Africa, al igual que con la influencia y dominio de petro-dólares en el Medio Oriente, América Latina y otras zonas.

5) Cuando "la película" de las dos Alemanias parecía clara para todo el que quisiera verla, grupos pequeños de extrema izquierda persisten en volver a proyectarla. Aunque, difícilmente, esto se dé en Alemania, que ya superó esa experiencia de confrontación, vivida durante largo tiempo. Y no olvidemos en qué parte de Alemania se plantó la bandera del Marxismo.

6) Siguen existiendo, pues, quienes intentan propagar la filosofía política nacida a mediados del Siglo XIX, frente a cuadros verdaderamente dantescos. Se trata de u dogma casi religioso de quienes crearon un nuevo "Opio de Pueblo". Especie de nueva fe cuasi-religiosa, con profeta, santoral propio y lo demás, pero laica y por tanto sin Dios. Es como si pretendiésemos olvidar muy pronto que los muchísimos alemanes que arriesgaban su vida para cruzar el nefasto Muro de Berlín provenían del Este y no del Oeste.

7) Lo anterior ha servido de excusa a quienes creen, en la extrema derecha, en la necesidad de una especie de policía internacional en defensa de los valores de la Democracia.

8) En un futuro de mayor desarrollo político, económico y cultural, una vez superados tanto el anarquismo estrecho como el ajetreo político-

militar a nivel nacional e internacional, es de esperar una mayor y gradual integración de grandes zonas del Planeta.

9) Esto facilitará, considerablemente, la utilización de las respectivas ventajas comparativas de diversas zonas geográficas, al igual que el avance en los diversos tipos de educación necesarios para satisfacer un mejor compartido desarrollo tecnológico de proyecciones múltiples.

10) Como la mejor garantía para la sociedad del futuro, habrán de mantenerse como esencia de la evolución democrática, por una parte, la protección de la libertad política y económica, y por la otra, la necesaria tolerancia religiosa e incluso laica.

Reflexión Adicional II

Asumamos que las presentes generaciones han sido seriamente empujadas por capítulos tristes, depresivos y deformadores de nuestro pasado, con característico y desvergonzado absolutismo, corrupción, persecuciones, crímenes como premisa y negocio y, por supuesto, ignorancia. ¡Simplezas! ¿Únicamente títeres o marionetas agitadas por hilos invisibles en un entablado?

Demos, además, por cierto que en la Educación de los futuros y verdaderos ciudadanos radica el futuro de cualquier país. Y que esa Educación depende, esencialmente, del hogar y la escuela; pero el hogar es frecuentemente incompleto. Sin detrimento de otras culturas, se impone entonces enrumbar esa formación con base en los valores clásicos y positivos, evolucionados en as distintas disciplinas del conocimiento.

Resulta, por ello mismo, indispensable la cuidadosa selección de nuestros futuros educadores llamados a motivar a sus educandos, en aquellos valores eternos y positivos en la Filosofía y la Ciencia, el Derecho y la Literatura, en Poesía y otras artes. Si, la Filosofía, empezando por el por qué y el para qué, desde la Etica a la Metafísica.

Dado que logró imponerse a nivel Constitucional en nuestras Repúblicas la obligación que incumbe al Estado de proveer una educación obligatoria, universal y gratuita, ¿cómo garantizar entonces la selección de esos futuros y verdaderos educadores? ¿Y cómo, al mismo tiempo, proyectar una educación verdaderamente democrática y de tolerancia, dónde no se predique únicamente un aspecto parcial y distorsionado de la realidad?

Semejante labor, a nuestro juicio, debe ser el resultado de una clara selección con base en una auténtica vocación de servicio y un verdadero amor a absolutamente todos y cada uno de sus educandos. Se trata, ni más ni menos, de aquello que les permita auscultar el potencial que en todos ellos existe. Y una voluntad inquebrantable de inspirarlos y estimularlos.

Lo anterior es doblemente necesario cuando se confrontan condiciones adversas de clima, cultura, nivel económico y otras facetas.

Es indispensable que exista conciencia de que se trata de una labor pesarosa, pero a la vez risueña y esperanzada, en que la mayor compensación es la satisfacción por el trabajo realizado. De una auténtica aspiración, por tanto vedada a quienes aspiran sobre todo a lujos, y a prendas imposibles de obtener honradamente con los emolumentos que provee esta labor más bien de sacrificio y apostolado.

En verdad, tal pareciera que se trata de un gremio en el cual no se sabe con certeza "cuando somos nosotros, vosotros o ellos", como diría Unamuno. Nos referimos al ilustre exRector de la Universidad de Salamanca, Don Miguel de Unamuno, quien un día aludía "a los pocos libros modernos que me puedo procurar con mis escasos recursos pecuniarios".

Segunda Parte: Reflexiones y reiteraciones inicialmente preparadas en Inglés.

Reflexión I.- *La Democracia como un Ideal.*

La Democracia puede ser considerada un ideal, como la justicia y la sabiduría, más que una realidad absoluta. En todo caso, esos ideales han demostrado ser la mejor e invencible alternativa para promover y mejorar la condición humana.

Al mismo tiempo, la Democracia ha demostrado ser la mejor fórmula para la creación de la riqueza individual y nacional, a la vez que incentiva la necesaria creatividad e ingenio personal, en un mundo de expansiva investigación, globalización y posibilidades.

Para aquéllos, turbados por el fanatismo político o religioso, la Democracia pierde su esencia y deviene irrelevante en medio de la pasión, la violencia, las tinieblas y la sangrienta confrontación. Cuando se cometen tales excesos, típicamente la profunda, fundamental y elemental ética subyacente es puesta a un lado. Aún en medio del cisma, tenemos pues que navegar tales aguas turbulentas, asidos al tronco que representa "la Ley flotando en un mar de principios éticos".

Reflexión II.- *El Barón de Montesquieu, John Adams y Thomas Jefferson se refieren a la Democracia en Inglaterra.*

"Resulta admirable que estos pueblos Anglo-Sajones hayan constituido la mejor forma de gobierno que el hombre pueda imaginar". Montesquieu, 1748.

En 1763, John Adams, uno de los futuros "Padres Fundadores" de los Estados Unidos de Norteamérica y apologista de la Democracia, se refirió a la Constitución Inglesa como "la combinación más perfecta de poderes humanos...para la preservación de la libertad y la promoción de la felicidad humana".

"Los ancestros Sajones han establecido ese sistema de Leyes que por tanto tiempo han sido la gloria y protección de ese país". Thomas Jefferson, julio de 1774, dos años antes de que él redactase la Declaración de Independencia.

Reflexión III.- *La Democracia en América por Alexis de Tocqueville.*

Luego de la Introducción que el mismo ofrece en su famoso y muy conocido libro, Tocqueville comienza diciendo, con respecto a la influencia Británica en los inicios de Norteamérica: "debemos observar al infante en los brazos de su madre".

Y poco después agrega: "El hombre ya desarrollado, por así decirlo, debe ser visto en la cuna del niño. El crecimiento de las naciones representa algo similar.

"Durante el período de las primeras emigraciones, el sistema de la comuna, ese germen de instituciones libres, se encontraba profundamente enraizado en las costumbres de los ingleses; y junto con él la doctrina de la soberanía del pueblo...".

"al dejar la metrópolis el emigrante, en general, no tenía la noción de superioridad de uno frente al otro. La persona feliz y poderosa no sale al exilio...".

Reflexión IV. – **Señales, d***emarcaciones y guías de la Democracia.*

Asumamos que la Democracia requiere de suficiente demostración. Asumamos igualmente que ello es verdad, porque las demarcaciones y guías de su evolución histórica, frecuentemente, no son enseñadas ni en el hogar ni en la escuela.

¿Cuántos Jefes de Estado aceptan la verdad contenida en la afirmación de Benjamín Disraeli en el sentido de que "ningún Gobierno puede mantenerse seguro sin que exista una Oposición formidable", tal como fue expresamente determinado por el Parlamento durante los días de la Reina Victoria? Por otra parte, ¿no es evidente que cuando un Gobierno se apoya en la corrupción y el secretismo, el gobernante considera toda observación como una amenaza?

Reflexión V.- *Los consejeros de los tiranos.*

Algunos ilusos se engañan a sí mismos pensando que los tiranos absolutos se rodean de consejeros competentes y educados, a quienes se puede perdonar su necesidad de protección y hasta de poder indefinido. Sin embargo, la experiencia demuestra que, por el contrario, los asesores escogidos de "a dedo" deben tener un carácter sumiso y, casi sin excepción, ser capaces de elogios y halagos tales como ¡Mi General o mi Comandante: Qué lástima que su visión y sus claros designios para el país no vinieron a regirnos antes!

No obstante, debe reconocerse que, en adición a los burócratas dóciles que pronuncian tales sandeces, que no requieren ni honestidad ni columna vertebral, a veces se dan personas diferentes y con auténticos méritos.

Estas personas resultan muy poco comunes ciertamente, pero actúan convencidas de que es preferible tratar de "influir los acontecimientos desde dentro del Gobierno", en lugar de asumir una suicida y catastrófica actitud de confrontación con el régimen de fuerza. Entre éstos se encuentran también aquellos que, de pronto, "ven la luz" y se acogen finalmente al exilio.

Reflexión VI.- *Igualdad jurídica vs diversos intereses.*

"La Constitución no establece nada que interfiera con la igualdad y la individualidad. Ella no reconoce diferencias por las diversas maneras de pensar, ni opiniones diversas, ni clases privilegiadas, o religión oficial, o el poder que pueden tener las propiedades en la política" Brancroft.

"Los intereses sobre la tierra, los intereses de los productores, el interés de los comerciantes, el interés de la banca y muchos intereses menores relacionados, surgieron por necesidad en las emergentes naciones civilizadas...La regulación de esos variados y confrontados intereses vienen a constituir el propósito principal de las legislaciones modernas, y conllevan el espíritu partidista y diverso dentro del funcionamiento normal del Gobierno".

James Madison en The Federalist Papers No. 10

Reflexión VII.- *El Commonwealth Norteamericano por James Brice.*

Desde los Siglos V, VI y VII de la Era Cristiana...que trasladó muchas tribus teutonas y eslovacas hacia los territorios del Imperio Romano, ningún período presenció migraciones comparables en magnitud a las ocurridas, desde 1845, hacia los Estados Unidos.

A partir del año 1845, durante la época de la hambruna causada por la enfermedad de la papa, y en la década siguiente hasta 1855, más de un millón doscientas cincuenta mil (1.250,000) personas llegaron a los Estados Unidos provenientes de Irlanda.

La cúspide de esa inmigración irlandesa fue pronto seguida por una segunda y significativa oleada inmigratoria, esta vez de regiones Teutonas en Europa. La llegada de personas provenientes de Alemania aumentó en 1852 de 72,000 a 145,000 incrementándose a 215,000 en 1854. El número total de inmigrantes germánicos, desde 1820 a 1909 fue de cinco millones trescientas veinte mil trescientas doce (5.320,312) personas.

Con el arribo de personas provenientes del Centro y Sur de Europa (incluidos los polacos e italianos) entre 1900 y 1909, ingresaron a los Estados Unidos más de ocho millones (8.000,000) de personas.

Reflexión VIII.- *Revolución en el llamado Tercer Mundo.*

Un número considerable de personas en el llamado Tercer Mundo vive en condiciones sociales deplorables. Por ello, no debe sorprender que en sociedades con tales condiciones todavía prevalecientes, al igual que con extremos de ingreso y niveles de vida, las personas encuestadas frecuentemente expresen inclinación por la violencia política y las revoluciones.

Valga la pena recordar la referencia que nos hace en el Siglo XX el eminente intelectual español, Dr. Gregorio Marañón, a las revoluciones como "una enfermedad social". Una acción violenta que, en fin, política y hasta religiosamente hablando, promueve un rompimiento absoluto con el pasado.

Para fines del Siglo XVIII, cuando Francia distaba mucho de poder considerarse como parte del Tercer Mundo de la época, en España también hubo quienes afirmaban que fueron precisamente las ideas radicales de los enciclopedistas los que habían conducido al Régimen del Terror durante la Revolución Francesa.

En los países eufemísticamente llamados "en desarrollo", la Democracia no existe y referencias a la misma son consideradas como simple propaganda de los países occidentales en general. Peor todavía, un Gobierno en que los ciudadanos participan en la determinación de su futuro es tenido por una simple farsa, difícil de asimilar al referirnos al reciente Siglo XX como "La Centuria Americana".

Reflexión IX.- *La Democracia Devaluada.*

Mientras los enemigos de la Democracia se muestran resueltos y determinados, sobre todo en el mundo subdesarrollado, los beneficiarios de su evolución en el mundo desarrollado son casi siempre inconscientes de su significativa evolución y particular desarrollo histórico. ¿A qué obedece tan diferente actitud?

Frecuentemente sucede que incluso los revolucionarios *bona fide* nunca han experimentado la vida en los países política y económicamente desarrollados. Por otra parte, los teóricos de la violencia en el mundo desarrollado, ni han vivido bajo tiranos que les impedirían su derecho a pensar, ni tampoco pueden desentenderse de otros problemas, propios incluso del desarrollo y la gran tecnificación del diario vivir.

¿Por qué y para qué organizar verdaderas *cruzadas en favor de los frenos y contrapesos* que representan la separación de los Poderes del Estado? ¿Qué sentido tendría luchar en las calles en favor de un Poder Judicial independiente como instrumento contra la corrupción? ¿O cómo luchar por el indispensable Cuarto Poder representado por una prensa libre y constantemente crítica de lo que se percibe como desviaciones de los Poderes Ejecutivo, Legislativo y Judicial? ¿Se requiere acaso una lucha clandestina y hasta arriesgar la vida para lograr la consulta electoral regular (local o nacional) de los ciudadanos?

En el mundo académico de las sociedades desarrolladas contemporáneas encontramos aquellos teóricos que "en busca del árbol dañado dejan de ver el bosque". Por otra parte, se llega a la antítesis clásica en que *se sabe más y más, pero acerca de menos y menos.*

También encontramos a las víctimas del absolutismo y despotismo que no están seguros de en qué consiste la Democracia, pero han aprendido en carne propia mucho de aquello que no lo es. Solamente en el marco de la Democracia podemos encontrar respeto a las minorías y a los derechos humanos en general, a la vez que tolerancia por el pensar, sentir y disentir de los demás.

Reflexión X.- *Una misma política exterior de los Estados Unidos.*

Existe en Los Estados Unidos de América la tendencia a tratar bilateralmente con cada país de América Latina y darle la espalda a una realidad común en toda la región. Por supuesto que existen diferencias entre los países y no existen dos que sean idénticos, pero histórica y culturalmente representamos una parte diferenciada del planeta.

Los resultados, no totalmente satisfactorios, de los esfuerzos realizados en el pasado por Los Estados Unidos con políticas como El Buen Vecino, El Punto Cuatro, la Alianza para el Progreso y la Iniciativa para el Caribe, entre otras, han llevado a muchos detractores en ese país a abandonar el diseño de políticas regionales.

En forma similar, el desarrollo de la llamada Revolución Arabe y pro-democrática en el Norte de Africa, también plantea a los gobernantes norteamericanos la disyuntiva de si tratar en forma exclusivamente bilateral a países como Túnez, Egipto o Libia y, por extensión, otras zonas del Medio Oriente con raíces también históricas y culturales comunes. Claro está que en el Mundo Arabe tampoco se dan dos países idénticos.

¿Es acaso posible la acrobacia ("balancing act") en cada caso individual? ¿O es incluso más fácil y definida una política esencialmente semejante a largo plazo? Aunque los principios constitucionales sean violados ocasionalmente en unos países, o con frecuencia en ciertos otros, a nuestro leal saber y entender, el *contrato social democrático* debe ser la meta única y permanente.

Las juventudes árabes han manifestado su deseo de disfrutar de "las mismas libertades" que se dan por descontadas en el Occidente. ¿Incluirán esas libertades, no sólo políticas sino también económicas, la posibilidad de ejercer "oficios mecánicos", tradicionalmente despreciados? En otras palabras, se lucha por los mismos ideales tan brevemente definidos por Lincoln como "el gobierno del pueblo, por el pueblo y para el pueblo".

El camino, pues, puede ser más largo en el Mundo Arabe que en otras regiones del Planeta para llegar a superar viejas disputas, en el fondo hijas de interpretaciones fundamentalistas distintas del mismo Corán; pero tarde o temprano se ha de llegar a la indispensable tolerancia cultural, política y hasta religiosa, que no resultó nada fácil tampoco en la Europa que siguió a La Reforma de Lutero y Calvino.

No es posible extendernos aquí sobre consideraciones detalladas de estos temas, pero nos parece fundamental que la política exterior de USA resulte inamovible en favor del respeto a ideas democráticas fundamentales, evolucionadas, heredadas y esencialmente iguales a las que predicaron en su momento los "Padres Fundadores" de la Nación.

Tercera Parte: Discurso.

"USA: De su Origen Humilde y Aislacionista a Primera Potencia Mundial y la Esencia de la Democracia".

Prólogo – Algo acerca de mis circunstancias.

¿Sería posible imaginar la reacción de los ciudadanos si el Presidente de los Estados Unidos de América iniciase una conferencia de prensa anunciando la suspensión del Congreso? Sus palabras pudiesen ser "!En vista de la falta de progreso y muy poco acuerdo entre los legisladores tanto de la Cámara de Representantes como del Senado, yo he decidido suspender ambas ramas del Organo Legislativo, en forma indefinida y hasta nueva convocatoria!"

Esto es, precisamente, lo que sucede en países no democráticos. En América Latina, durante doscientos (200) años, ésta ha sido la historia repetida, que se inicia, precisamente, con el cierre del Poder Legislativo. Desde obtenida la Independencia de España y Portugal, los regímenes totalitarios que hemos padecido en diferentes épocas, y en todos los países Iberoamericanos, han aprendido sus prácticas absolutistas de gobiernos de facto anteriores.

Frecuentemente, cuando los estudiantes universitarios y hasta de colegios secundarios han salido a las calles para protestar por los endémicos Coup d' Etats, se han cerrado también indefinidamente las Universidades y los Colegios. De igual manera se han cancelado los partidos políticos, mientras las fuerzas armadas pasan a incrementar un papel político beligerante en la vida de estas naciones.

¿Pueden acaso sorprenderse realmente los ciudadanos de los Estados Unidos y Canadá cuando la ausencia de libertad política en el resto de América contribuye a empujar a millones de latinoamericanos hacia estos países del Norte? Nuestra generación ha sido testigo de la emigración masiva proveniente de Cuba y más recientemente la que constituye la diáspora de Venezuela.

¿Podemos aprender, constructivamente, de esas realidades político-económicas en muchas partes del mundo, para facilitar los ideales democráticos a que aludiera Jefferson cuando recomendaba "paz, comercio y amistad sincera entre todas las naciones?

Las circunstancias personales, que me llevaron a solicitar y obtener *asilo político y residencia permanente* en Los Estados Unidos, se vieron directamente afectadas por la Dictadura militar de más de veintiún (21) años que rigió en Panamá desde fines de 1968 hasta fines de 1989. Si se toma en cuenta, que incluso quien había sido un Vice-Ministro de Salud resultó torturado y decapitado durante ese período, es fácil comprender por qué yo tuve que tomar muy en serio que mi vida peligrase, igualmente, por el simple hecho de defender a un cliente de mi oficina de abogados, víctima de una extorsión millonaria.

"Si te crees el abogado más honrado de Panamá, entonces recuerda cómo terminó Roberspierre 'el incorruptible' durante la Revolución Francesa". Decapitado, claro está. Baste agregar que la cabeza de este ex-Vice Primer Ministro de Salud jamás ha aparecido, mientras su cuerpo fue lanzado a un riachuelo en la frontera con Costa Rica. Ya antes de ese asesinato político, el sacerdote Jesús Héctor Gallegos había sido secuestrado y desaparecido forzosamente. Su cuerpo jamás apareció, y en Panamá se especula si – vivo o muerto – fue lanzado, desde un helicóptero, al Océano Pacífico.

La Comisión de la Verdad que se estableció después de la Dictadura, examinó 148 denuncias, antes de que, por razones políticas, se le pusiese fin a sus funciones. No obstante, esa Comisión logró rendir su Informe Final, el 2 de mayo de 2002 y según agencias noticiosas internacionales, se analizaron setenta (70) casos de asesinato político y cuarenta (40) desapariciones forzadas. No sabemos si logró ser investigada la tortura y desaparición física del Presidente de uno de los Clubes Rotarios más antiguos en el Continente, el ejecutivo Serafín Mitrotti. Pero se asegura que él fue confundido con un conocido y prestigioso periodista crítico del régimen, quien al no poder responder a preguntas que no habían sido preparadas realmente para él, se le golpeó hasta quitarle la vida.

Dada la población de Panamá durante aquel período, en proporción a la de Estados Unidos, cabe preguntarse: ¿Cual hubiese sido la reacción de sus ciudadanos ante aproximadamente veinte mil casos de asesinatos políticos y desapariciones forzadas en un período de veintiún años?

El caso del sacerdote Gallegos ocurrió antes del caso del Dr. Hugo Spadafora. Yo me enteré de ello cuando ya me encontraba fuera de Panamá.

Se ha dicho, con razón, que todos somos producto de nuestros genes y DNA... al igual que de nuestras circunstancias personales. No solamente la Dictadura en Panamá, pero también los endémicos Golpes de Estado en todos los países de la región, contribuyen a explicar mi ardiente deseo de comprender mejor la larga evolución de la Democracia tanto en Europa como en sus antiguas colonias. En mi caso, sin participar siquiera en las lides políticas, un buen día me convertí en un refugiado político, primero en Caracas, Venezuela, y después en Estados Unidos.

Ya antes, durante y después de los acontecimientos de algo más de veintiún (21) años en Panamá, por más de cincuenta y cinco (55) años los hermanos Castro estuvieron culpando a USA por el subdesarrollo de la región. Y durante catorce (14) años el ex-Presidente Hugo Chávez en Venezuela estuvo repitiendo la misma acusación, a la vez que se continuaban financiando ambos regímenes con abundantes petrodólares.

Los enemigos de los Estados Unidos en América Latina, el Medio Oriente y otras partes están llamados a comprender que las causas de su propio subdesarrollo son más propias que externas. Y cuanto antes mejor, para beneficio de sus propios pueblos. Así, la clave interna será encontrada, estrechamente asociada con sus propias raíces políticas y económicas.

¿Recordamos acaso que ya existían Universidades en América Latina, antes de que se fundaran Boston y Filadelfia? Si tal es el caso, es indispensable comprender, igualmente, que importantes desarrollos humanísticos y científicos se estaban dando en Europa durante la llamada Edad de la Razón, que siguió al Renacimiento laico y a la Reforma religiosa.

Otro contraste resultó evidente durante el Bicentenario de la Independencia que pude presenciar personalmente en Filadelfia en el año 1976, con hombres ya en esa época recorriendo la superficie de la Luna. Para el mismo año de 1976, nosotros conmemorábamos en Panamá el sesquicentenario, o los ciento cincuenta (150) años, del "Congreso Anfictiónico" convocado por Simón Bolívar para tratar de confederar a la América Española. Este segundo acontecimiento, en Panamá, que también pude presenciar durante el mismo mes de Julio de 1976, habría de producir un gran impacto en mi mente.

En América Latina, en adición a la falta de unidad política, económica y a veces geográfica, encontramos otras razones que explican la débil unidad

131

nacional. Entre otros motivos, debido a que importantes segmentos de la población aún se mantienen casi totalmente desvinculados de la actividad nacional y hasta persisten muchos como analfabetos.

Para una mejor comprensión del desarrollo diferente en la dicotomía entre América Latina vis a vis USA y Canadá, es además indispensable comprender el desarrollo diferente que tuvo lugar en Inglaterra y en España, particularmente a partir de la primera mitad del Siglo Diecisiete. Se trata del período considerado por muchos como el de *La Decadencia Española,* que hubo de seguir al período anterior, denominado *La Edad de Oro.* Es significativo tener en cuenta que en el año 1632 *La Inquisición* impuso en España una lista de "libros prohibidos", que incluían tres cuartas partes de la producción científica de Europa.

En la América Española, la existencia de grandes culturas indígenas pre-Colombinas habría de contribuir a preparar a la población para la aceptación de líderes absolutos que imponían su poder político a base de la tradición y la superstición.

A este tema he dedicado mi libro *Los Estados Unidos del Norte y Los Desunidos del Sur (Paralelismo Histórico y Lecciones en Teoría Política).*

En la propia Europa resulta apropiado recordar los siglos de tradicional absolutismo antes de la Revolución Francesa. Y es necesario tener presente cómo a Víctor Hugo, viviendo y escribiendo en el exilio, le correspondió vivir durante el Siglo XIX, después de la Revolución, mientras Francia se mantenía bajo "trois rois, deux empereurs, trois républiques et trois révolutions" ("tres reyes, dos emperadores, tres repúblicas y tres revoluciones").

Historia:

I.- El Pasado.

Los Estados Unidos de América son culpados no solamente por el débil desarrollo económico y científico de la América Latina, sino también por la situación prevaleciente en el llamado Tercer Mundo, en general. En estos casos, se olvida frecuentemente que la colonización europea se inició más de cien (100) años antes en el Sur que en el Norte de América. Consciente, o inconscientemente a veces, se pretende ignorar también por muchos que Los Estados Unidos invierte varias veces el total dedicado por los países al Sur del Río Grande en investigación científica ("research and development").

Igualmente se desconoce la experiencia democrática inicial que representa el *contrato social* original, denominado "Mayflower Conpact", firmado por todos los primeros inmigrantes permanentes, Peregrinos Puritanos, antes de desembarcar en lo que vendría a ser Nueva Inglaterra. Contrato éste, destinado a regir la nueva colonia relativamente autónoma.

Mucho antes de que la Revolución Industrial se iniciase en Inglaterra y luego se desarrollase también en Los Estados Unidos, *una sociedad más igualitaria se desarrolló entre los propietarios de pequeñas fincas familiares, igualmente cultivadas por las propias familias.* Es a esta sociedad a la que se referiría después, con gran admiración por su estructura política y económica, Alexis de Tocqueville en su famosa obra *Democracia en América.*

Teniendo en cuenta que la Antigüedad ha sido considerada como la juventud del mundo, parece necesario hoy recordar esos inicios humildes y cómo el país se desarrolló política, económica, científica y tecnológicamente.

Es significativo que el período correspondiente a cien años antes de la primera colonia establecida en Jamestown, Virginia, y el desembarco del Mayflower en Massachusetts, es considerado de particular importancia por el prestigioso historiador belga, Henri Pirenne. En su libro *The History of Europe,* él alude a la época de expansivo Renacimiento Laico que se había iniciado en Italia. Para ese tiempo, la Reforma Religiosa no se había producido todavía. Ello significa que si los primeros colonizadores ingleses en América hubiesen llegado al mismo tiempo que España iniciaba sus colonias en la América Española, no habrían sido Peregrinos Puritanos, sino Católicos los que hubiesen desembarcado en el Norte.

Por esta razón, no habían ocurrido todavía los acontecimientos políticos desarrollados bajo el liderazgo del Puritano Oliver Cromwell durante la Guerra Civil del Siglo Diecisiete, en la cual la Corona fue vencida por el Parlamento.

Como pueden confirmar fácilmente los lectores, fue a partir de ese momento cuando el Parlamento asumiría el control definitivo e indisputable del Gobierno. Ello fue posible con base en acontecimientos que se remontan a La Carta Magna y antes; pero de acuerdo con la larga y sostenida evolución política de esa Nación.

Primero como Capitán, luego Coronel y finalmente General, el Puritano Oliver Cromwell insistió en rodearse con personas que él consideraba "hombres honestos y religiosos" y llegó tan lejos que miraba su propio regimiento y tropas de caballería como una Iglesia sostenida por el espíritu divino.

Desde entonces seguirían nuevas ratificaciones del principio Anglo-Sajón, contenido precisamente en la Carta Magna. Documento político fundamental éste, que una bula papal trató de eliminar poco después de adoptado, por considerar que había sido obtenido a base de violencia ejercida contra el monarca.

No solamente el poder político permanece en la comunidad y el gobernante es su servidor, por lo que el Gobierno actúa con base en un contrato legal tácito, como se reiteraría constantemente a lo largo de los años. Igualmente relevante es que el derecho común consuetudinario (Common Law) se basa en los tribunales de justicia. Estos interpretan y aplican principios legales prexistentes, prevaleciendo el principio más antiguo.

A mi juicio, el simple hecho de que la Ley preceda a cualquier líder político, quien a su vez está sujeto a esa Ley y no puede cambiarla, viene a ser la base para la declaración que proclama "Un Gobierno más de Leyes que de hombres". Mantengamos presente que para autores contemporáneos como Bernard Bailyn *(The ideological Origins of the American Revolution)*, "La Ley Inglesa estuvo...al igual que el racionalismo del Período de la Ilustración, en la mente de la generación revolucionaria norteamericana".

¿No constituye esto una especie de vacuna contra el absolutismo y los totalitarismos? Tal vez ello explica, precisamente, la afirmación de Montesquieu en 1748, poco antes de la Revolución Francesa, cuando dijo que los conquistadores Anglo-Sajones habían creado "la mejor forma de gobierno que los hombres puedan imaginar".

Estos dos pilares fundamentales de la Democracia aparecen ampliamente analizados en el Capítulo Primero de mi libro *La Democracia Enjuiciada: Alegato de la Defensa (Evolución Progresiva o Revolución) [Democracy on Trial: The Case for the Defense (Progressive Evolution or Revolution]*. El resto de este libro se refiere a la aplicación o no de esos dos principios: el poder político que permanece en el pueblo y la vigencia de la Ley, durante el desarrollo de Europa y, por extensión, cada vez más en el resto del mundo.

Durante "La Edad de la Razón, la Reina Isabel Primera, impuso la *Reforma* religiosa en el país, tras un largo período de sangrienta lucha que se inicia en la Alemania de Lutero. Al mismo tiempo, la Reina abrazó el *Renacimiento*. A mi modo de ver, la fragmentación resultante con la aparición de varias denominaciones religiosas contribuyó a la necesaria tolerancia y, eventualmente, también al reconocimiento de *las minorías* como partes políticas respetables de la Nación.

Ya siglos antes, el historiador romano Cornelius Tacitus, quien se había desencantado con el remplazo de la República por el Imperio, dedica cuatro años de su vida (del año 89 al año 93 de la era Cristiana) a visitar los límites del Norte del Imperio Romano.

Para el año 98, en medio de la absoluta decadencia política del Imperio después de Emperadores como Calígula y Nerón, Tacitus escribe su famoso libro *acerca de las costumbres de las tribus Germánicas*. Este libro, que algunos han considerado romántico en sus descripciones, se refiere a los Anglo-Sajones mucho antes de su eventual emigración a las Islas Británicas, después de la caída del Imperio Romano.

Es significativo recordar que los Anglo-Sajones, luego de la evolución de la *Democracia Directa* a la *Democracia Representativa,* mantuvieron el precepto de que el poder político emanaba de la comunidad y permanecía en ella. En todo caso, conviene subrayar que resulta evidente el vínculo directo entre este enfoque básico directo y esa muy corta definición de la Democracia que nos ofrece el Presidente Lincoln, como *"el gobierno del pueblo, por el pueblo y para el pueblo".*

No menos vinculantes son los desarrollos que se producen durante *La Edad de la Razón* en el antes mencionado Siglo Diecisiete, justamente cuando se inicia y comienza a prosperar la colonización de Norteamérica.

Fue durante este período cuando Francis Bacon se opondría al tradicional escolasticismo en la búsqueda del conocimiento. En sus propias palabras, lo que se requería era "coleccionar información, como resulta el trabajo de las hormigas; conectar esa información, como las arañas, y mezclar la información para mejorar el resultado, como las abejas que crean la miel".

Posteriormente, Newton reconocería que su aporte científico se había hecho posible al "apoyarse en hombros de gigantes" como Francis Bacon. A su vez, el celebrado poeta Alexander Pope se referiría a Newton en la siguiente forma:

"La Naturaleza y sus leyes parecían esconderse en la oscuridad: Entonces Dios dijo, que aparezca Newton y, de pronto, todo fue claridad".

En esta forma llegó a su fin el significativo y trascendente Siglo Diecisiete. Con todo, importa recordar cómo se inició esa centuria. Shakespeare murió en el año 1620 y los Peregrinos desembarcaron en Massachusetts en el mismo año de 1620. También la colonia de Jamestown, en el futuro Commonwealth de Virginia, se había iniciado pocos años antes, en 1607, como iniciativa de la Virginia Company of London, una de las compañías colonizadoras por acciones, que incluyeron a The East India Co. y The Levante Company.

Los primeros Puritanos provenían de una Inglaterra ya profundamente dividida en tres grupos religiosos diferentes: los Católicos Romanos, la mayoría participante en el Anglicanismo y los Puritanos radicales. Este último grupo consideraba que el Anglicanismo protestante no había ido suficientemente lejos en su reforma de la Iglesia. Y, al mismo tiempo, estos Puritanos aspiraban a llevar una vida más simple, cercana a la de los Apóstoles.

¿Podemos siquiera imaginar la reacción de estos extremistas recientemente llegados a América, cuando veían llegar a nuevos inmigrantes no Protestantes y ni siquiera Anglicanos Protestantes, sino inmigrantes provenientes de otras partes de Europa? Los irlandeses, los italianos y los polacos, en particular, eran considerados por los Puritanos como Católicos extremadamente conservadores.

Con posterioridad a la Independencia en 1776, numerosos grupos de inmigrantes provenientes de Europa continuaron llegando a los ya establecidos e independientes Estados Unidos de América. Primero ocurriría la numerosa inmigración Celta de más de un millón de habitantes provenientes de Irlanda, con motivo de la terrible enfermedad de la papa, que mató aproximadamente a otro millón de personas en ese país.

Inmediatamente, a continuación, una segunda ola inmigratoria de Teutones, provenientes principalmente de Alemania, aumentaría su población en más de cinco millones, para finales del Siglo Diecinueve y comienzos del Siglo XX.

Ya en los comienzos del Siglo XX, más de ocho millones de inmigrantes provenientes del Centro y Sur de Europa (entre ellos polacos e italianos) ingresarían a Los Estados Unidos.

Curiosamente, he podido comprobar que solamente los inmigrantes llegados antes de mediados del Siglo XIX eran considerados como "nativos" (natives), mientras que estos tres grupos antes mencionados eran llamados, simplemente, "inmigrantes".

En su extenso y penetrante estudio (dos tomos) bajo el título de *The American Commonwealth,* James Bryce nos dice que "Lo que impacta al viajero, y lo que a los propios norteamericanos les agrada señalar, es el impresionante grado en que las Instituciones Norteamericanas y los hábitos e ideas ejercen sobre los inmigrantes que llegan de todas partes".

James Bryce también señala, al analizar los primeros asentamientos y las primeras pequeñas fincas, que "la igualdad social creció en forma natural por las circunstancias del país... las personas se relacionaban sobre una base simple y natural, con mayor franqueza y espontaneidad de la que es posible en países donde todos miran bien sea hacia arriba o hacia abajo". Es curioso observar, por ejemplo, que la palabra "patrón" (jefe) ni siquiera tiene traducción en Los Estados Unidos ni en Canadá.

¿Hasta qué punto el establecimiento de la educación gratuita y obligatoria también contribuyó a la igualdad social, desde el comienzo mismo de la Nación? ¿Más aún, hasta que punto esta evidente mayor igualdad social sigue constituyendo una especie de potente imán que atrae a grupos humanos desposeídos de muchos países del mundo?

Esta contribución de la Educación Pública, no obstante sus fallas y las críticas a través de las distintas épocas, solamente puede ser apreciada cuando comparamos el desarrollo de los Estados Unidos con muchos otros países en los cuales, o no existe aún la educación universal gratuita y obligatoria, o excluye a la mitad de la población constituida por el sexo femenino.

De acuerdo con Bryce, en ese libro antes citado y publicado a comienzos del Siglo Veinte, "no obstante el crecimiento constante y sostenido de los centros urbanos, la población rural ha seguido siendo considerada como "la clase representativa".

II.- El Presente.

Al igual que el Pasado puede considerarse como la juventud de la humanidad, el Presente debe estimarse como producto del Pasado. Ni el inmigrante europeo a quien acabamos de aludir ni el que continúa llegando hoy a Norteamérica, proveniente de todas partes del Planeta, podría decir aquello que, en su famoso libro *La Divina Comedia,* describe Dante. Se refiere a lo supuestamente escrito en la puerta del Infierno*:* "Abandonen toda esperanza aquellos que entren".

En el mundo Anglo-Sajón los ciudadanos se consideran supremos y estiman al gobierno como algo delegado por ellos. Este principio remplazó las categorías sociales y políticas de la sociedad Medieval. En otras palabras, el gobierno es el sirviente, no el ente supremo en la escala de valores políticos de la Nación.

Ello no obstante, todavía encontramos personas educadas, amantes del país, pero quienes consideran que se ha llegado a un estancamiento, dada la confrontación entre los dos partidos políticos tradicionales. Tal confrontación ha sido incluso comparada a la que experimentó la Nación en 1860, durante la Administración del Presidente Lincoln.

Resulta desafortunado, en verdad, que enfrentados a la mayor crisis económica desde la Depresión en 1929, muchas de las mejores mentes, en ambos Partidos, no se hayan inclinado hacia la cooperación, uniendo esfuerzos para confrontar los problemas nacionales. Pareciera como si los representantes, con base en un cálculo electoral, frecuentemente estrecho, pensasen prioritariamente en la simpatía que puede generar cada quien en sus respectivos Circuitos Electorales. De esta forma, sin que esa sea su intención, mantienen la paralización política e incluso empeoran la situación.

Se espera y es deseable que los ciudadanos actúen como críticos permanentes y responsables de la acción o inacción en el acontecer político. Al mismo tiempo, no deben olvidarse las explicaciones y respuestas que un candidato presidencial en los Estados Unidos (o un Primer Ministro en Canadá) tiene que ofrecer al electorado con respecto a sus acciones u omisiones previas. Y no solamente con respecto a su vida pública, sino también con relación a su vida privada.

Por otra parte, la significativa independencia del Organo Judicial y la falta de interferencia del Organo Ejecutivo en la administración burocrática del Estado, que ejerce el servicio civil, constituyen un indispensable, pero al mismo tiempo *distante e ilusorio sueño* en la mayor parte de los llamados *Países del Tercer Mundo.*

Podemos igualmente estar de acuerdo o en desacuerdo con la significación política y económica que tiene *La Clase Media.* Sin embargo, no debemos olvidar que ella representa en los Estados Unidos más del 90% de la población, con su monumental influencia, jamás experimentada en muchas partes del mundo, incluidos algunos países de Europa.

Es significativo comprender cómo La Clase Media ejerce una influencia "centrista" y unificadora, tanto en lo político como en muchos aspectos de la vida económica del país. Tal vez por ello es difícil que germine allí, ni se adopte como meta, la supuesta "Revolución Proletaria". Como es sabido, en ésta no existe ningún poder político en manos del proletariado y un solo Partido Político actúa a tambor batiente en la aprobación de los designios de lo que se ha llamado *"La Nueva Clase".*

En mi opinión, una amplia Clase Media en una sociedad democrática, es la garantía de que se procuren y fomenten oportunidades para todos, a lo cual contribuyen las diferentes categorías de educación pública, así como diversidad de cursos de entrenamiento, tanto públicos como privados.

A la vez, los países que mantienen un sistema económico basado en la libre iniciativa, necesariamente deben aplicar y mantener fórmulas propias (subsidiadas y de preferencia no permanentes) que permitan proteger a los sectores más débiles y marginados de la población.

Para tales efectos, considero necesario el enfoque en las llamadas "Redes Protectoras" (Safety Nets) y, hasta donde resulte posible, en verdaderas "Plataformas de Lanzamiento" (Springboards). Estas deben facilitar a las personas, sin graves incapacidades físicas o mentales permanentes, la preparación necesaria para escalar a la Clase Media.

¿Y qué decir acerca de la falta de frenos y contrapesos que representan los Organos Legislativo y Judicial independientes, que lleva a la incontrolada corrupción en todos los niveles del cuerpo político?

El absolutismo, aun cuando se encuentre dirigido por sabios individuos, adolece de la falta de un sistema de sucesión adecuado, que le permita prolongarse ni siquiera por una o dos generaciones. La situación es peor cuanto más absoluto es el control del Estado, pues "el poder absoluto corrompe en forma absoluta". En adición, el Jefe del Gobierno se ve rodeado, casi sin excepción, de aduladores ("yes men"), sin la columna vertebral necesaria para oponerse a los designios del *Hombre Fuerte* del momento.

Como el Primer Poder Mundial, después de la Guerra Fría, los Estados Unidos pasó a enfrentar un fanatismo mayor: el fanatismo religioso, del cual hemos tenido mayor conciencia después del ataque a las Torres Gemelas en Nueva York el 11 de septiembre del año 2001. Otros objetivos incluían al Capitolio, La Casa Blanca y el Pentágono. Se deseaba demostrar, sin duda alguna, la voluntad de los fanáticos a morir instantáneamente, al estrellar los aviones que tripulaban, como una manera de alcanzar el paraíso en forma inmediata.

No obstante, el fanatismo político ha retrocedido considerablemente desde el final de la Guerra Fría, con la excepción de pequeñas áreas geográficas, tal vez porque muy pocos piensan ya que la iniciativa en materia política y económica debe mantenerse exclusivamente en manos del Gobierno, al estilo Soviético.

Claro está, el fanatismo político en contra de los Estados Unidos se ha alimentado siempre de la propaganda conscientemente distorsionadora de su realidad, alentada por sus rivales políticos e ideológicos, como señala Mariano Baptista en su libro *Latinoamericanos & Norteamericanos.*

A lo anterior tenemos que agregar la presencia de quienes consideran como un sueño imposible - y hasta una farsa engañosa - *la participación efectiva de los ciudadanos en la determinación de su propio porvenir.*

III.- El Futuro.

La extensa y sostenida evolución política, económica y cultural de los Estados Unidos no va a detenerse en el *presente*, como si no hubiese *futuro* para la Democracia. Los tiempos continuarán cambiando, pero al mismo tiempo, nosotros también cambiaremos con ellos, tal como lo expresa el proverbio Latino: "Tempora mutantur, et nos mutamur in ills" (Los tiempos cambian y nosotros cambiamos con ellos).

En el contexto de una sociedad diversa y multifacética, la llamada *Revolución de las Comunicaciones* continuará acercando a las personas cada vez más. Por una parte, la economía globalizada incrementará la importancia de *un país de inmigrantes* provenientes de todas las regiones de la tierra. Menciono esto, porque Los Estados Unidos ya cuenta, dentro de sus fronteras, con el ingrediente de diversas culturas con las cuales necesitará comunicarse cada vez más en el futuro.

Con posterioridad a los años transcurridos desde el final de la Segunda Guerra Mundial, la libre y fluida comunicación se hace indispensable. No olvidemos que para mediados del Siglo XX, *Alemania, Japón y China se encontraban devastadas desde el punto de vista de la producción industrial.* Por otra parte, para los inicios del Siglo XXI Los Estados Unidos enfrenta la competencia creciente, no solamente de esas tres potencias industriales, sino también de muchas otras "naciones en desarrollo".

El futuro parece ofrecer una *expansión ilimitada para empresas mixtas (joint ventures)* en las cuales se combinan los capitales, las tecnologías y la iniciativa empresarial, tanto de nacionales como de extranjeros. Apoyándose en diferentes fórmulas legales, no existen límites para las asociaciones posibles entre productores y consumidores.

En materia de salud y medicina, el presente Siglo Veintiuno permite anticipar un enorme progreso a base de los avances en la investigación celular (Cell Research) y la genética (Genetic Medicine). Imaginemos la regeneración de órganos internos y de la propia mente, al igual que la prevención de enfermedades que se facilita con base en los cuadros que hace posible la Medicina Genética.

Inclusive en materia religiosa, podemos soñar con *la expansión universal del principio contenido en la Primera Enmienda de la Constitución norteamericana.* Esta garantiza a todos los ciudadanos la práctica religiosa (al igual que la no participación en ninguna); pero sin que el Estado pueda adoptar oficialmente ningún credo. ¿No representa ello, por sí mismo, una especie de vacuna contra el terrorismo universal, que se alimenta del odio de un grupo religioso contra otro y hasta, internamente, dentro de una misma denominación religiosa, como sucede hoy en el Mundo Musulmán?

Superado el terrorismo ¿acaso no podemos vislumbrar uno de los períodos más constructivos en la historia de la humanidad? ¿No equivaldría ello a la materialización del ideal de St. Agustín de Hipona: "Ama y haz lo que te parezca"?

¡Permítaseme concluir con énfasis en un principio fundamental de Ciencia Política! Hagamos un verdadero ideal y no una mera utopía la definición de Democracia que nos legara Lincoln como *"El Gobierno del pueblo, por el pueblo y para el pueblo".* Este concepto no debe desaparecer de la faz de la Tierra, como lo proclamó en su Oración de Gettysburg. Tarde o temprano, este principio regirá como Ley Fundamental de todos los gobiernos y todas las personas.

Certificado de Derecho de Autor No. TXu 1-903-136, de 4 de febrero, 2014.

Ricardo Lasso Guevara, autor del libro *Democracy on Trial: The Case for the Defense (Progressive Evolution or Revolution).*

Citas relevantes escogidas:

Confucio: "La primera regla para ser un líder sabio es saber definir el problema".

El Papa Gregorio VII (1020-1085): "He amado la justicia y odiado la iniquidad: por ello muero en el exilio".

Sir Isaac Newton: "Si he podido ver adelante es porque me he apoyado en los hombros de gigantes".

Immanuel Kant: "La felicidad no es un ideal de la razón sino de la imaginación."

John Locke: "El conocimiento del hombre no puede ir más allá de sus experiencias."

Benjamín Franklin: "Nunca existió una buena guerra ni una mala paz".

Alex Hamilton: "Quienes no tienen principios en qué apoyarse, caen por cualquier cosa".

Voltaire: "Si Dios no existiera, sería necesario inventarlo".

Federico El Grande: "Si expulsamos nuestros prejuicios por la puerta, ellos regresan por la ventana".

Thomas Jefferson: "Paz, comercio y honesta amistad con todas las naciones; comprometedoras alianzas con ninguna".

Madame Roland: "Oh libertad: ¡Cuántos crímenes se cometen en tu nombre!

Moliere: "Aquí primero ahorcan a un hombre y después lo juzgan".

Simón Bolívar: "La continuación de la autoridad en un mismo individuo frecuentemente ha sido el término de los gobiernos democráticos".

Aldous Huxley: "El estudio adecuado de la humanidad está en los libros".

Ralph Waldo Emerson: "Ser grande equivale a ser mal interpretado".

Benjamín Disraeli: "Ningún Gobierno puede estar seguro por mucho tiempo, sin una formidable Oposición".

Woodrow Wilson: "El mundo debe hacerse seguro para la Democracia".

José Martí: "Unicamente existen dos clases de personas: los que aman y construyen y los que odian y destruyen".

Octavio Paz: "El mercado es un mecanismo eficaz, pero como todos los mecanismos, no tiene conciencia... Hay que encontrar la manera de insertarlo en la sociedad para que sea la expresión del pacto social...".

Jorge Santayana: "El fanatismo consiste en redoblar tu esfuerzo cuando ya has olvidado tus propósitos."

Winston Churchill: "Cuando el presente niega el pasado, seguramente que ya hemos perdido el futuro".

Franklin D. Roosevelt: "Lo único que debemos temer es al propio temor".

Charles de Gaulle: "La autoridad no funciona si no hay prestigio".

John F. Kennedy: "Nuestro propósito no es establecer la culpabilidad del pasado, sino determinar el curso del futuro".

Boris Pasternak: "El ser humano nace para vivir, no para prepararse para vivir".

Aung San Suu Kyi: " Será difícil eliminar la ignorancia a menos que exista la libertad de procurar la verdad sin temor".

Bibliografía:

Abiñaga, Salvador – *Universidad e Ilustración: Valencia en la época de Carlos III.* Universidad de Valencia, 1988.

Albarela, Joaquin – *Felipe V y el triunfo del absolutismo.* Generalitat de Catalunya. Barcelona, 2002.

Albright, Madeleine – *The Mighty & The Almighty (Reflections on America, God and World Affairs).* Harper Perennial, New York, 2007.

Arciniegas, Germán – *El Continente de los Siete Colores,* segunda edición. Editorial Sudamericana, Buenos Aires, 1970.

Artola, Miguel – *Los afrancesados (con prólogo de Gregorio Marañón).* Ediciones Turner, Madrid, 1976.

Augustin, Cornelis – *Erasmus (His Works and Influence).* University of Toronto Press, 1991.

Bailyn, Bernard – *The ideological Origins of the American Revolution.* Harvard University Press, 1967.

Baldwin, Leland – *God's Englishman; the evolution of the Anglo-Saxon spirit.* Brown and Company, Boston, 1944.

Baptista, Mariano – *Latinoamericanos y Norteamericanos,* tercera edición, Editorial Kipus, Cochabamba, 2009.

Barrientos, Joaquín and Checa, José – *El Siglo que llaman Ilustrado.* C.S.I.C. Madrid, 1996.

Bas, Jorge Guillermo – *Las reformas del Siglo XVIII en España e Hispanoamérica.* Arkhe, Córdoba, Argentina, 1966.

Beiser, Frederick – *Sovereignty of Reason: the defense of rationality.* Princeton University Press, 1996.

Bill of Rights – Constitución de los Estados Unidos de América.

Blanco Fombona, Rufino – *El Conquistador Español del Siglo XVI*. Ediciones Edime, Caracas-Madrid, 1956.

Boxall, George – *The Anglo-Saxon: a study in evolution*. Library of Congress Microfilm.

Bravo Lira, Bernardino – *El absolutismo ilustrado en Hispanoamérica*. Editorial Universitaria, Santiago de Chile, 1994.

Brown, Vera Lee – *Studies in the History of Spain in the second half of the Eighteenth Century*. The Department of History, Smith College, Northampton, 1929.

Bryce, James – *The American Commonwealth (two volumes)*. Liberty Fund, Inc., Indianapolis, 1995.

Cánovas Sánchez, Francisco – *La época de los primeros Borbones*. Espasa-Calpe, Madrid, 1985.

Cardús, José – *La sociedad española, el rol del sacerdote y la autoridad de la Iglesia*. Ispa, Barcelona, 1971.

Comellas, José – *Historia de España Moderna y Contemporánea 1474-1967*. Ediciones Rialp, S.A., Madrid, 1975.

Cope, Kevin – *Criteria of Certainty: truth and judgment in the English Enlightenment*. University Press of Kentucky, 1990.

Creel, Bryant – *Don Quijote, Symbol of a Culture in Crisis*. Albatros Hispanófila Ediciones, Valencia, 1988.

Chadwick, Hector – *Studies on Anglo-Saxon Institutions*. Cambridge University Press, 1963.

Chartier, Roger – *The Cultural Origins of the French Revolution*. Duke University Press, 1991.

Churchill, Winston – *History of the English-Speaking Peoples.* Dodd, New York, 1958.

Díaz-Plaja, Fernando – *Otra Historia de España.* Plaza & Janes, S.A., 1976.

Dinker Bowen, Catherine – *Francis Bacon (The Temper of a Man).* Fordham University Press, New York, 1993.

Documents of the Great Charter of 1215 – British Academy, Oxford.

Doyle, William – *Origins of the French Revolution.* Oxford University Press, 1988.

Eliot, Sir John – *Political Treatise of Government* . Rare Books Collection, U.S. Library of Congress.

Friedrich, Carl J. – *The Pathology of Politics.* Harper & Row, New York, 1972.

Fukuyama, Francis – *The End of History* . Maxwell Macmilan International, 1992.

Galeano, Eduardo – *Las Venas Abiertas de América Latina.* Catálogos S.R.L., Buenos Aires, 2003.

Garrard, Graeme – *Rousseau's Counter Enlightenment: a republican critique of the Philosophes.* State University of New York Press, 2003.

Gascoigne, John – *Cambridge in the age of the Enlightenment: science, religion and politics from the Restoration to the French Revolution.* Cambridge University Press, 1989.

Giménez López, Enrique (ed) – *Expulsión y exilio de los jesuitas españoles.* Universidad de Alicante, 1997.

Goodman, Dena – *The Republic of Letters: a cultural history of the French Enlightenment.* Cornell University Press, 1994.

Goodwin, Doris – *Team of Rivals, The Political Genius of Abraham Lincoln.* Simon & Schuster, New York, 2005.

Haliczer, Stehen – *Between exaltation and infamy: female mystics in golden Spain.* Oxford University Press, 2002.

Hamilton, Alexander, Madison, James and Jay, John – *The Federalist Papers.* Bantam Books, New York, 1982.

Harrison, Lawrence – *Underdevelopment is a State of Mind.* Harvard and University Press of America, 1985.

Herrera, Luis Alberto – *La Revolución Francesa y Sur América.* Sempere y Compañía, Valencia, Venezuela.

Herrera Luque, Francisco – *Bolívar de Carne y Hueso y Otros Ensayos.* Editorial Ateneo de Caracas, 1983.

Humboldt, Wilhelm – *Diario de viaje a España, 1799-1800* Cátedra (de Miguel Angel Vega), Madrid, 1998.

Joffe, Josef – *The Myth of America's Decline*. Liveright Publishing Corporation, 2014.

Kamen, Henry – *Spain, 1469-1714: A Society of Conflict.* Rutledge, London, 2014.

La Carta de Jamaica (Bolívar) – Edición Especial del Ministerio de Educación de Venezuela.

Lanning, John – *The eighteenth century enlightenment in the University of San Carlos de Guatemala.* Cornell University Press, 1956.

Leibowich, Mark – *This Town* (about America's Gilded Capital). Penguin Group, New York, 2013.

Lewis, Tom and Sánchez, Francisco (ed.) – *Culture and state in Spain, 1550-1850.* Garland, NY, 1999.

Loveman, Brian and Davies, Thomas – *The Politics of Antipolitics.* The University of Nebraska Press, 1978.

Loyn, Henry – *The governance of Anglo-Saxon England 500-1087.* Stanford University Press, 1984.

McCullough, David – *1776,* Simon & Schuster, New York, 2005.

McNeill, William – *The Rise of the West.* The University of Chicago Press, 1991.

Madariaga, Salvador de – *Ingleses, Franceses y Españoles.* Editorial Sudamericana, Buenos Aires, 1969.

Marías, Julián – *La España posible en tiempo de Carlos III.* Planeta, Barcelona, 1988.

Martínez Ruiz, José (Azorín) – *El alma castellana, 1600-1800.* Editorial Castalia, Madrid, 1993.

Moliner, Antonio – *Revolución burguesa y movimiento juntero en España.* Editorial Milenio, España, 1997.

Moore, Barrington – *Social Origins of Dictatorship and Democracy.* Beacon Press, Boston, 1993.

Moses, Bernard – *South America on the Eve of Emancipation.* G.P.Putnam's Sons, New York-London, 1908.

Ortega y Gasset, José – *España Invertebrada* . Revista de Occidente, Madrid, 1946.

Ossowska, Maria – *Social Determinants of Moral Ideas* .University of Pennsylvania Press, 1970.

Palacios G., Gonzalo – *Venezuela XXI La Revolución de la Estupidez.* Grupo Editorial Ibáñez, Bogotá, 2011.

Palmer, R. – *The Age of the Democratic Revolution* . Princeton University Press, 1959.

Patai, Raphael – *The Arab Mind.* Hatherleigh Press, New York, 2007.

Paz, Octavio – *El Laberinto de la Soledad.* Manchester University Press, 2008.

Peñalosa, Javier de Juan – *Historia de la cultura española: Siglo del Quijote (1580-1680).* Espasa Calpe, Madrid, 1996.

Peterson, Merril – *Thomas Jefferson.* Penguin Books, London, 1985.

Petrie, Charles, Sir. – *King Charles III of Spain: an Enlightened Despot.* Constable, London, 1971.

Pirenne, Henri – *Historia de Europa, desde las Invasiones hasta el Siglo XVI.* Fondo de Cultura Económica, México, 1956.

Prieto, Rosario – *La Revolución francesa vista por el embajador de España, conde Fernán Núñez.* Fundación Universitaria Española, 1997.

Rangel, Carlos – *Del Buen Salvaje al Buen Revolucionario.* Monte Avila Editores, Caracas, 1976.

Reynolds, Robert – *Europe Emerges.* The University of Wisconsin Press, 1961.

Rothkopf, David J. - *National Insecurity.* Perseus Books Group, Philadelphia, 2014.

Russell, Bertrand – *Human Society in Ethics and Politics.* Simon and Schuster, NY, 1955.

Sánchez Lora, José Luis – *Mujeres, conventos y formas de la religiosidad barroca.* Fundación Universitaria Española, 1988.

Santa María, Juan de – *Policy unveiled or Maximes of State.* Rare Book Collection of the Library of Congress.

Smith, Adam – *Moral and Political Philosophy.* Hafner Pub. Co., NY, 1948.

Swanton, Michael James – *Crisis and development in Germanic Society 700-800.* Goppingenikummele Verlag, 1982.

Tálamo, Miguel – *Breves Consideraciones Sobre el Feudalismo.*

Thomas Jefferson – Edited by Merrill D. Peterson. Penguin Books, 1975.

Thomson, David – *Europe since Napoleon.* Alfred A. Knopf, New York, 1967.

Thonhoff, Robert – *The vital contribution of Spain in the winning of the American revolution.* Thonhoff, Karnes City, Tex., 1998.

Tocqueville, Alexis de – *Democracy in América* . New American Library, New York, 1956.

Trevor-Roper – *The Crisis of the XVII century: religion, the Reformation, and social change.* Liberty Fund, Indianapolis, 1999.

Uslar Pietri, Arturo – *La Isla de Robinson.* Seix Barral, Barcelona, 1982.

Ver Streeg, Clarence – *The Formative Years 1607-1763* . Hill and Wang, New York, 1976.

Vinaixa, José – *Historia de la Inquisición – su influencia política.* B. Bauzá, Barcelona, 1932.

William, Charles (ed.) – *Literature and History in the Age of Ideas.* Ohio State University Press, 1975.

William M. Shea – *Knowledge and belief in America: enlightenment traditions.* Woodrow Wilson Center Press, 1995

Yarborough, Jean M. – *American Virtues.* University Press of Kansas, 1998.

Zabala y Lera, Pio – *El marqués de Argenson y el pacto de familia de 1743.* Editorial Voluntad, Madrid, 1928.